मुआवज़े

[बारह दृश्यों में समाप्य भीष्म साहनी का एक प्रहसन]

मुआवज़े

भीष्म साहनी

राधाकृष्ण प्रकाशन

ISBN 978-81-7119-126-0

मुआवज़े (प्रहसन)

पहला संस्करण : 1993
सातवाँ संस्करण : 2019

मूल्य : ₹295

प्रकाशक
राधाकृष्ण प्रकाशन प्राइवेट लिमिटेड
जी-17, जगतपुरी, दिल्ली-110 051

शाखाएँ : अशोक राजपथ, साइंस कॉलेज के सामने, पटना-800 006
पहली मंजिल, दरबारी बिल्डिंग, महात्मा गांधी मार्ग, इलाहाबाद-211 001
36 ए, शेक्सपियर सरणी, कोलकाता-700 017

वेबसाइट : www.radhakrishnaprakashan.com
ई-मेल : info@radhakrishnaprakashan.com

मुद्रक
बी.के. ऑफसेट
नवीन शाहदरा, दिल्ली-110 032

MUAAWZE
Play by Bhishma Sahani

चिरंजीव मार्तण्ड को सस्नेह

दो शब्द

यह प्रहसन हमारी आज की विडम्बनापूर्ण सामाजिक स्थिति पर किया गया व्यंग्य है। नगर में साम्प्रदायिक दंगे के भड़क उठने का डर है। इक्का-दुक्का छोटी-मोटी घटनाएँ भी घट चुकी हैं। इस तनावपूर्ण स्थिति का सामना किस प्रकार किया जाता है; हमारा प्रशासन, हमारे नागरिक, हमारा धनी वर्ग, हमारे सियासतदाँ किस तरह इसका सामना करते हैं, इसी विषय को लेकर नाटक का ताना-बाना बुना गया है। एक ओर जहाँ बटन-फैक्टरी का मालिक, नागरिकों के प्रतिनिधि-मण्डल का नेतृत्व करते हुए, पुलिस कमिश्नर से यह आग्रह करने जाता है कि दंगे की रोकथाम के लिए सरकार हर मुमकिन कदम उठाये, वहीं दूसरी ओर, अपनी जाति विशेष की रक्षा के लिए उसका अनुज हथियार इकट्ठा करने का बन्दोबस्त भी करता है। इतना ही नहीं, स्थिति से लाभ उठाते हुए वह जमीन का एक टुकड़ा भी हथिया लेना चाहता है, जिस पर झुग्गी-झोंपड़ीवाले डेरा डाले हुए हैं, और जो उसकी बटन फैक्टरी की जमीन से जुड़ा है। तरह-तरह के मनसूबे, और उनके पीछे काम करनेवाली तरह-तरह की मानसिकता उभरकर आती है और इसी के फलस्वरूप नाटक के अंत तक पहुँचते-पहुँचते, ऐसी स्थिति का तर्कसंगत परिणाम भी सामने आने लगता है, जब एक पेशेवर गुण्डा, एक पेशेवर सियासतदाँ का रूप ग्रहण करने लगता है।

'मुआवज़े' के मंचन में निर्देशक को दो दिक्कतों का सामना करना पड़ सकता है—एक तो पात्रों की संख्या अधिक है। इसके लिए एक-एक रंगकर्मी को एक से अधिक भूमिका निभानी पड़ सकती है। दूसरे—जिस ओर ध्यान देना मैं आवश्यक मानता हूँ—नाटक की गम्भीर विषयवस्तु और उसकी व्यंग्यात्मक अभिव्यक्ति के बीच संतुलन बनाये रखना जरूरी है। न तो हँसी-मजाक को इतना अधिक तूल दिया जाये कि नाटक प्रहसन न रहकर, भड़ैती बन जाये, और न ही उसकी गम्भीर विषयवस्तु पर इतना अधिक बल दिया जाये कि वह साम्प्रदायिकता पर लिखे गये एक दस्तावेज़ का रूप ले ले।

'मुआवज़े' का पहला मंचन राष्ट्रीय नाट्य विद्यालय रंगमंडल द्वारा श्री एम. के. रैना के निर्देशन में मेघदूत थियेटर, नई दिल्ली में हुआ था।

भीष्म साहनी

दिल्ली
दिसम्बर, 1992

'मुआवज़े' का जो पहला मंचन अक्टूबर 1992 में राष्ट्रीय नाट्य विद्यालय रंगमंडल द्वारा एम. के. रैना के निर्देशन में सम्पन्न हुआ था, उसमें शामिल रंगकर्मियों के नाम इस प्रकार हैं—

पुलिस कमिश्नर	:	बापी बोस
कमिश्नर का पी. ए.	:	महेन्द्र शर्मा
थानेदार	:	सुनील सिंह
सिपाही	:	मंदाकिनी गोस्वामी
मंत्री	:	विजय शुक्ल
सक्सेना	:	रोहिताश्व गौड़
गुमाश्ता	:	हेमन्त पाण्डे
सेठ दौलतराम	:	अखिलेश खन्ना
सेठ छोटेलाल	:	मोतीलाल खरे
लड़का	:	निर्मल दास
बिशनदास	:	अभिजित लाहिड़ी
कौशल्या रानी	:	हेमासिंह
भगतराम	:	कैलाश पण्डित
अमरीक सिंह	:	रवि कौशल
दुकानदार-1	:	रविन्द्र खानविलकर
दुकानदार-2	:	विवेक मिश्र
दुकानदार-3	:	महेश व्ही. पाटिल
सुथरा	:	सौरभ शुक्ला
जग्गा	:	अनुपम श्याम
हमीदा	:	अभिजित लाहिड़ी
चौधरी	:	विवेक मिश्र
जीवन	:	सतीश गौतम
दीनू	:	जितेन्द्र शास्त्री
तेजा	:	निर्मल दास
मंगलू	:	सुनील सिंह

रामू	:	कैलाश पण्डित
बुजुर्ग औरत	:	मंदाकिनी गोस्वामी
बुजुर्ग-1	:	महेश व्ही. पाटिल
शांति का पिता	:	अमित बैनर्जी
शांति	:	प्रेमलता/राजश्री वाड
लड़की	:	अल्का अमीन
पति	:	रविन्द्र खानविलकर
दर्ख्वास्ती	:	निर्मल दास
ब्लैक कैट्स	:	मंदाकिनी गोस्वामी, सुनील सिंह, कैलाश पण्डित, निर्मलदास, ओमप्रकाश सागर
अनाथ बच्चे	:	तकवीर अहमद, ललित कुमार, नीलिमा शर्मा, ईशा दत्ता
छतरीवाला	:	निर्मल दास
बस्तीवाले और नागरिक	:	प्रतिमा काज़मी, सीमा भार्गव, हेमासिंह, प्रेमलता, राजश्री वाड, सीमा बोस, मोतीलाल खरे, नीलिमा शर्मा, अमित बैनर्जी, अखिलेश खन्ना, सतीश गौतम, रोहिताश्व गौड़, अल्का अमीन, ओमप्रकाश सागर, यशवन्त निकोसे, विवेक मिश्र, विजय शुक्ला, महेन्द्र शर्मा, मंदाकिनी गोस्वामी, कैलाश पण्डित, सुनील सिंह, निर्मल दास और रवि कौशल।

दृश्य : एक

[पुलिस कमिश्नर का दफ्तर। अर्दली, सिपाही आ-जा रहे हैं। कमिश्नर की मेज पर अलग-अलग रंगों के पाँच टेलीफोन रखे हैं। क्लर्क बड़ी मुस्तैदी से तरह-तरह के काम कर रहे हैं—फाइलें निकालना, लिस्टें बनाना आदि। दरवाज़े पर बावर्दी सिपाही तैनात है।]

कमिश्नर : **(टेलीफोन पर हिदायतें दे रहा है)** जख्मियों को ऊपरवाली मंजिल पर, बड़े हॉल कमरों में रखा जायेगा। तीनों स्कूलों के हॉल कमरे फौरन खाली करवा लिये जायें। अब ध्यान से मेरी बात सुनो—एक-एक बड़े कमरे में सौ-सौ जख़्मी रखे जायेंगे, बरामदों में एक ही लम्बी लाइन में। निचली मंजिल पर कार्यालय होगा। एक-एक कैम्प में पाँच-पाँच नर्सें, तीन-तीन कम्पाउण्डर। डॉक्टरों की ड्यूटी लगायी जा रही है · · · बुलाओ स्टोर-कीपर को · · · हाँ, हाँ, मैं पुलिस कमिश्नर बोल रहा हूँ—एक-एक कैम्प में पाँच-पाँच सौ कम्बल, चद्दरें, और जरूरी सामान आज शाम तक पहुँचा दिया जाये, तीनों स्कूलों में रिलीफ कैम्प खोल दिए जायें · · · मरहम-पट्टी, दवाइयाँ, सभी सामान पहुँच जाये। जख्मियों के इलाज का सारा प्रबन्ध सोमवार तक पूरा हो जाये; हाँ, हाँ, अगर हालात इसी तरह बिगड़ते गये तो सोमवार तक दंगा हो जाना चाहिए। **(क्रुद्ध हो उठता है)** क्या? क्या मालूम दंगा होगा या नहीं? क्या मतलब? क्या तुम मुझसे ज्यादा जानते हो? सब इन्तज़ाम वक्त पर हो जाये। क्या हम दंगा हो जाने पर कैम्प बनाते फिरेंगे? पिछले दंगों के वक्त जो गड़बड़ी हुई थी, अबकी बार नहीं होनी चाहिए।

: **(पी.ए. से)** सेक्रेटरी साहब के साथ फोन मिलाओ। **(टेलीफोन पर ही गुस्से से)** मैं क्या बताऊँ कितनी रसद दरकार होगी। पन्द्रह दिन के लिए नहीं, पूरे महीने के लिए इन्तज़ाम करना होगा।

पी.ए. : सेक्रेटरी साहब से बात करें, जनाब!

कमिश्नर : नमस्कार जनाब! लगता है अबकी बार दंगा जबर्दस्त होगा। इसीलिए

हमने सब इन्तज़ाम पहले से कर लिया है—ज़ख्मियों का इलाज, लाशें उठवाने का काम, बेघर लोगों को राहत देने का काम, सब इन्तज़ाम पहले से कर लिया है। जी? हाँ, मुआवज़े का प्रबन्ध भी कर लिया है। मिनिस्टर साहिब ने पाँच लाख रुपए हमें भेजने का वादा किया था, आपको तो मालूम है। फ़ौरी अदायगी के लिए। मरनेवालों को मुआवज़ा देने के लिए। जी! **(हँसता है)** माफ कीजिए, मरनेवालों के सगे-सम्बन्धियों को मुआवज़ा देने के लिए। कत्ल किये जाने पर दस हजार, जख्मी को तीन सौ, मामूली चोटें आने पर कुछ नहीं, सिर्फ मरहम-पट्टी। ऐसा ही मन्त्रीजी का हुक्म है। मैं सोमवार को स्कूल बंद करवा रहा हूँ, इसी उम्मीद पर कि दंगा सोमवार तक हो जायेगा। आप रुपया भिजवाने का इन्तज़ाम करवा दें। **(चोंगा रख देता है)**

: **(पी. ए. से)** इंजीनियर साहिब से मिला दो। **(पास खड़े थानेदार से)** मैंने प्राइवेट डॉक्टरों के बारे में कहा था, क्या इन्तज़ाम हुआ?

थानेदार : पाँच डॉक्टर तो मान गये हैं, जनाब!

कमिश्नर : **(तुनककर)** मैंने पच्चीस डॉक्टरों का इन्तज़ाम करने के लिए कहा था।

थानेदार : **(कागज हाथ में उठाये हुए)** बारह डॉक्टरों ने लिखा है, जनाब, कि दंगा छिड़ जाने पर वे घर से नहीं निकल सकेंगे, उस वक्त कोई सवारी नहीं मिलती, घरवाले भी बाहर नहीं निकलने देते।··· सिर्फ पाँच डॉक्टरों की मंजूरी आयी है।

कमिश्नर : **(कुछ सोचकर)** इन डॉक्टरों का भत्ता बढ़ा दो, पाँच सौ की जगह सात सौ रोजाना कर दो, तब इन्हें सवारी मिल जायेगी। घरवाले भी जाने देंगे।··· इनका बाप भी आयेगा, आयेंगे कैसे नहीं।

पी.ए. : इंजीनियर साहब से बात करें, जनाब!

कमिश्नर : **(चोंगा उठाता है)** हाँ, चीफ इंजीनियर? हाँ, सुनिए··· दफ्तर में कम्प्यूटर की मशीन अभी तक नहीं पहुँची। नहीं साहिब, ऐसे नहीं चलेगा, आज ही मेरे दफ्तर में मशीन लग जाये, उसे फीड करने के लिए दो आदमी भी लगा दिये जायें। हर जख्मी आदमी का, हर मरनेवाले का, पूरा ब्यौरा रखना होगा। कम्प्यूटर इस वक्त नहीं आया तो कब आयेगा? कम्प्यूटर बने किसलिए हैं?··· हाँ, फौरन··· **(चोंगा रख देता है)**

[अर्दली अंदर आता है]

अर्दली : जनाब, कुछ लोग आपसे मिलना चाहते हैं।

कमिश्नर : कौन हैं? क्या चाहते हैं?

अर्दली : जनाब, वे मुआवज़े के बारे में पूछना चाहते हैं कि मुआवज़े का दफ्तर कहाँ पर खुलेगा।

कमिश्नर : बोल दो, यहीं पर खुलेगा। मुआवज़े यहीं से दिये जायेंगे। पर दंगा छिड़ जाने के बाद। **(तुनककर)** उनसे कह दो, दंगे का इन्तज़ार करें। अभी दंगा नहीं हुआ है। आराम से जाकर घर बैठें। उम्मीद है सोमवार तक दंगा हो जायेगा।

अर्दली : बेहतर, जनाब !

कमिश्नर : **(स्वतः)** सरकार ने मुआवज़े का अच्छा चक्कर चलाया है। **(अर्दली से)** उनसे कहो, हमारी तरफ से कोई देर नहीं होगी, दंगा होते ही मुआवज़ा देना शुरू कर देंगे।

[बाहर शोर होता है। कोई कान्स्टेबल किसी को डाँट रहा है—]

"कौन हो तुम, भागो यहाँ से। अन्दर कहाँ घुसे आ रहे हो? बहुत बोले तो हथकड़ी लगा दूँगा। जाओ, निकल जाओ यहाँ से।"

: **(अर्दली से)** यह शोर कैसा है? पता लगाओ, क्या बात है।

[एक कान्स्टेबल अन्दर आता है]

: क्या बात है?

कान्स्टेबल : कोई पागल है, जनाब ! उधर चौक की तरफ से भागता हुआ आ रहा था, थाने के अन्दर घुसना चाहता था। कहता था, लोग मेरे पीछे पड़े हैं, मुझे मारना चाहते हैं **(हँसकर)** मगर उसके पीछे कोई नहीं था, जनाब !

कमिश्नर : था कौन?

कान्स्टेबल : जनाब, कुछ मालूम नहीं। उसके कपड़े फटे हुए थे, पाजामा फटा हुआ, सिर से नंगा था।

कमिश्नर : फिर तुमने क्या किया?

कान्स्टेबल : मैंने धक्के देकर बाहर निकाल दिया, जनाब ! पागल को कहाँ घुसने देते, साहिब !

कमिश्नर : **(उठ खड़ा होता है)** अबे नालायको, उसे पकड़ना था। हिरासत में लेना था। मिनिस्टर साहिब तीन बार पूछ चुके हैं। यह वही आदमी होगा जो पुल के पास से लापता हो गया था। फौरन उसका पीछा करो और उसे पकड़कर लाओ।

कान्स्टेबल : अब तो वह दूर निकल गया होगा, जनाब !

कमिश्नर : पुलिसवालों के लिए कौन-सी जगह दूर होती है? जाओ !

[कान्स्टेबल हड़बड़ाकर बाहर निकल जाता है]

: हरामखोर !

[पर्दा]

दृश्य : दो

[मिनिस्टर महोदय का दफ्तर]

मिनिस्टर : **(टेलीफोन पर)** गुड, गुड ! ··· वैरी गुड !

: **(चपरासी से)** सक्सेना को अन्दर भेजो।

[चपरासी बाहर चला जाता है।]

: **(टेलीफोन पर)** गुड ! ··· ज्यों ही दंगा हो, हमारे एम्बुलेंस गश्त करना शुरू कर दें। लोगों को फौरन राहत पहुँचाई जाये। **(चोंगा रख देता है)**

[सक्सेना का प्रवेश]

: मेरा एसेम्बली वाला बयान तैयार है ?

सक्सेना : जी, सर ! तैयार है। **(कुछ कागज़ पेश करता है)**

मिनिस्टर : गुड, गुड ! बहुत लम्बा भाषण तो नहीं लिखा ?

सक्सेना : नहीं सर, पढ़ने में पाँचेक मिनट लगेंगे।

मिनिस्टर : गुड, गुड ! अब मेरी बात ध्यान से सुनो। शहर में दंगे का डर है ··· इस मौके पर तुम्हें तीन बयान तैयार करने होंगे।

सक्सेना : जी, सर !

मिनिस्टर : **(धीरे-धीरे, समझाते हुए)** तीन बयान। पहला बयान इस समय के लिए, तत्काल जारी करने के लिए, जब शहर की फ़िज़ा बिगड़ रही है, जब दंगे का खतरा है। इस बयान में मैं लोगों से अपील करता हूँ कि वे शहर में अमन-चैन बनाये रखें। यह जज़्बाती तकरीर होगी जो सुननेवालों के दिलों पर असर करे। करीब पाँच मिनट का बयान होगा। समझ लिया ?

सक्सेना : जी, सर !

मिनिस्टर : दूसरा बयान दंगा भड़क उठने पर दिया जायेगा, जब मार-काट शुरू हो गई होगी, जगह-जगह आग के शोले उठ रहे होंगे, जख़्मियों को अस्पतालों में भिजवाया जा रहा होगा। यह दूसरा बयान होगा। यह भी पाँच मिनट का होना चाहिए।

सक्सेना : इस बयान में क्या लिखना होगा, सर?

मिनिस्टर : इसमें मुआवज़े का जिक्र खास तौर पर किया जायेगा। मारे जानेवाले हर व्यक्ति के पीछे दस हज़ार रुपए, हर जख़्मी के पीछे तीन सौ रुपए।

सक्सेना : जी, सर!

मिनिस्टर : इस बयान को पहले से तैयार कर लो। क्या मालूम दंगा हो जाने पर मुझे कहीं दौरे पर जाना पड़ जाय। तीनों बयान पहले से तैयार हो जाने चाहिए।

सक्सेना : जी, सर!

मिनिस्टर : तीसरा बयान हमारे जनतन्त्रात्मक मूल्यों, मान्यताओं के बारे में होगा, हमारे ऊँचे आदर्शों के बारे में। यह बयान दंगों के बाद दिया जायेगा।

सक्सेना : इसे लिखने की क्या ज़रूरत है, सर, यह तो पहले से ही लिखा हुआ मौजूद है।

मिनिस्टर : होगा, पर इसमें कुछ तथ्य-आँकड़े जोड़ने होंगे।

सक्सेना : मैं जोड़ दूँगा, सर! इसमें तो केवल सरकार के ऊँचे इरादों, मनोरथों, उद्देश्यों का ज़िक्र होगा। यह तो आपके हर रोज़ काम आनेवाली चीज़ है।

मिनिस्टर : ठीक है, ये तीनों बयान तैयार करके मेरे ब्रीफकेस में रख दो। बाहर, लिफाफों पर लाल पैंसिल से साफ-साफ लिख देना : बयान नं. 1, दंगे भड़कने के पहले; बयान नं. 2, दंगों के दौरान; बयान नं. 3, दंगों के बाद। समझ गये?

सक्सेना : जी, सर!

मिनिस्टर : अब जाओ और तीनों बयान आज ही तैयार करके ब्रीफकेस में रख दो।

सक्सेना : तीनों भाषण पहले से ही तैयार हैं, सर!

मिनिस्टर : तैयार हैं? क्या मतलब? ये तुमने कैसे तैयार कर लिये?

सक्सेना : पिछले मन्त्रीजी के लिए तैयार किये थे, सर! आज फाइल खोली तो मिल गये।

मिनिस्टर : चलो ठीक है · · · हैं? क्या कहा? पिछले मन्त्रीजी के लिए?

सक्सेना : जी, सर!

मिनिस्टर : वह तो विरोधी पार्टी के मन्त्री थे। उनके भाषणों का मैं क्या करूँगा?

सक्सेना : सर, भाषणों में कोई फर्क नहीं पड़ता। **(हँसकर)** पिछली बार जब हुकूमत बदली थी तो नये मन्त्रीजी, अपने से पहले के मन्त्रियों की तकरीरों का इस्तेमाल करते थे। फिर, दंगे तो सर, सारा वक्त चलते रहते हैं।

मिनिस्टर : पर कुछ तो फर्क होना ही चाहिए।

सक्सेना : छोटी-मोटी अदला-बदली कर ली जाती है, सर!

मिनिस्टर : क्या मतलब? तुम उनकी भी तक़रीरें लिखते थे?

सक्सेना : आपसे पहले के मन्त्रीजी की तकरीरें भी तो मैं ही लिखता था, सर!

मिनिस्टर : तुम झूठ बोल रहे हो। तुम आजकल भी किसी दूसरे आदमी के लिए तकरीरें लिख रहे हो। कौन है वह?

सक्सेना : कोई नहीं, सर!

मिनिस्टर : **(गुस्से से)** मत भूलो कि तुम सरकारी मुलाजिम हो, और तुम्हें मेरे भाषण लिखने के लिए रखा गया है।

सक्सेना : जी, सर!

मिनिस्टर : कौन है यह दूसरा आदमी, जिसके लिए तुम भाषण लिखते हो?

सक्सेना : वह तो, सर, मैं दफ्तर के बाद, अपने खाली वक्त में लिखता हूँ।

मिनिस्टर : कौन है वह?

सक्सेना : **(थोड़ा रुककर)** विपक्ष के नेता के लिए, सर!

मिनिस्टर : **(चौंक जाता है)** विपक्ष के नेता के लिए? तुम मुझे धोखा देते रहे हो?

सक्सेना : नहीं, सर! मैंने आज तक किसी को धोखा नहीं दिया।

मिनिस्टर : यह धोखा नहीं है? सरकार के लिए भी तकरीरें लिखो और विपक्ष के लिए भी?

सक्सेना : वह तो मैं अपने प्राइवेट वक्त में लिखता हूँ, सर! दफ्तर के वक्त तो मैं केवल आपके ही भाषण लिखता हूँ।

मिनिस्टर : उनके लिए क्या लिखते हो?

सक्सेना : उनके लिए जवाबिया बयान लिखता हूँ, सर! आपका भाषण पहले लिखा जाता है। बाद में उसके जवाब में उनका भाषण लिखा जाता है।

मिनिस्टर : क्या मतलब?

सक्सेना : आज सर, आपने भाषण दिया है, पर कल, विपक्षवाले आपके भाषण पर टीका-टिप्पणी करेंगे, आलोचना करेंगे, वह आलोचना मैं लिखता हूँ।

मिनिस्टर : विपक्ष के नेता ने तो मुझे 'भ्रष्टाचार का पिता' कहा था। क्या वह तुमने लिखा था?

सक्सेना : लिखा तो मैंने ही था, सर!

मिनिस्टर : उसने मुझे 'राजनीति में नौसिखुवा' कहा है, यह विशेषण भी तुम्हीं ने जोड़ा था?

सक्सेना : सर, जोड़ा तो मैंने ही था, पर सर, जब आप अपने भाषणों में बड़ी तेज़-तर्रार बातें कहते हैं, वह भी तो मैं ही लिखता हूँ।

मिनिस्टर : खाक लिखते हो ! उल्टा, उसके मुँह से तुमने मुझे 'भ्रष्टाचार का पिता' कहलवाया है, मुझे गाली दिलवाई है !

सक्सेना : वह तो प्राइवेट वक्त में दिलवायी है, सर !

मिनिस्टर : इससे क्या फर्क पड़ता है ? वह गाली तो तेरे दिमाग में से निकली, मेरे खिलाफ ? इसका मतलब है तुम मुझे 'भ्रष्टाचार का पिता' समझते हो।

सक्सेना : नहीं सर, यह तो तकरीर को असरदार बनाने के लिए लिखा था।

मिनिस्टर : पर मेरे भाषणों में तो तू ऐसे विशेषण नहीं जोड़ा करता। मुझे भी किसी को 'भ्रष्टाचार का पिता' कहने का मौका देता तो मैं मान लेता।

सक्सेना : जवाबी तकरीरों में नोंक-झोंक की गुंजाइश ज्यादा होती है, सर !

मिनिस्टर : तो तुम मेरे लिए भी जवाबी तकरीरें ही लिखा करो।

सक्सेना : अगले चुनावों के बाद लिखूँगा सर · · यदि आप विपक्ष में हुए तो। एक से एक बढ़िया तकरीर लिखूँगा, सर !

मिनिस्टर : क्या कहा ? तुम समझते हो अगले चुनावों में हम हार जायेंगे ? नहीं, तुम अभी लिखो।

सक्सेना : मन्त्री की अपनी गरिमा होती है सर, अपनी पोजीशन होती है। उसके भाषण में वजन होना चाहिए। विपक्ष की तकरीरें तीखी होती हैं, कुछ-कुछ हल्की भी। इसका हमें ख्याल रखना पड़ता है, सर ! आपको उनके स्तर तक नहीं उतरना चाहिए।

मिनिस्टर : उतरते तो तुम हो।

सक्सेना : मैं तो उतारता हूँ, सर !

मिनिस्टर : **(कुछ सोचकर)** तुम उनकी तकरीरें लिखते हो, तुम उनसे मिलते भी होगे ?

सक्सेना : नहीं सर, आमतौर पर तो बात टेलीफोन पर ही हो जाती है।

मिनिस्टर : क्या मतलब ?

सक्सेना : इधर आपका बयान शाया होता है, उधर मुझे टेलीफोन आ जाता है कि उसका जवाब देना होगा। मैं घर पर ही जवाब लिख देता हूँ, सर !

मिनिस्टर : फिर उन्हें देने जाते होगे ?

सक्सेना : नहीं सर, उनका आदमी मुझसे लेकर सीधा प्रेस में दे आता है। उनसे मिले तो महीनों बीत जाते हैं। कभी-कभी तो · · सिर्फ चेक ही आ जाता है।

मिनिस्टर : क्या ?

सक्सेना : जब आप यहाँ पर नहीं होते तो मैं भाषण लिखकर प्रेस में दे आता हूँ, साथ ही उनका जवाब भी, दोनों साथ-साथ प्रेस में पहुँच जाते हैं। इससे वक्त की बड़ी बचत हो जाती है।

मिनिस्टर : हरामखोर! मेरे भाषण पर तेरी टिप्पणी?

सक्सेना : आपका भाषण भी तो मैंने लिखा होता है, सर! अब आदत पड़ गई है। अब तो आपका भाषण लिखते समय ही उसका जवाब भी सूझ जाता है, कभी-कभी तो मैं जवाब पहले लिख देता हूँ और भाषण बाद में।

मिनिस्टर : इसका मतलब है··· हमारे भेद भी उन्हें बताते रहते होगे?

सक्सेना : वे तो उन्हें पहले से मालूम होते हैं, सर! उन्हें बताने की ज़रूरत ही नहीं पड़ती।

मिनिस्टर : तुम भेदिये हो क्या? मुखबिर हो?

सक्सेना : नहीं सर, मैं सरकारी मुलाजिम हूँ, आपके लिए भाषण लिखता हूँ।

मिनिस्टर : और उनके जवाब भी!

सक्सेना : वे तो खाली वक्त में लिखता हूँ, सर! एक बात कहूँ, सर!

मिनिस्टर : क्या है?

सक्सेना : मैं जवाब दे पाने के लिए भाषण लिखता हूँ, इसका भेद तो हर कोई नहीं जानता। वह तो आप ही को मालूम है ना?

मिनिस्टर : फिर?

सक्सेना : मैं विपक्षी नेता के लिए बयान लिखता हूँ, इसका भेद भी तो कोई नहीं जानता।

मिनिस्टर : सरकारी नौकरी लेते वक्त तुमने इस शर्त पर दस्तखत किये थे कि तुम इसका भेद किसी को नहीं दोगे।

सक्सेना : जी, किये थे, मैंने इसका भेद किसी को नहीं दिया।

मिनिस्टर : विपक्ष का नेता। तुमने कहा या नहीं?

सक्सेना : विपक्ष का नेता नहीं, सर, विपक्ष के तो दर्जनों नेता हैं। और सर, विपक्ष भी एक नहीं, विपक्ष भी दर्जनों हैं।

मिनिस्टर : तो तुम दर्जनों के लिए काम करते हो?

सक्सेना : मैं केवल तीन-चार के लिए करता हूँ।

मिनिस्टर : तीन-चार के लिए? कौन हैं वे?

सक्सेना : विपक्ष के नेता हैं, सर!

मिनिस्टर : सबके लिए अलग-अलग बयान् लिखते हो?

सक्सेना : नहीं सर, थोड़ी-बहुत अदला-बदली कर लेते हैं। एक-एक के लिए अलग बयान कौन लिखेगा।

मिनिस्टर : तुम मुझे पागल बना दोगे। एक के मुँह से कहलवाया—'मैं भ्रष्टाचार का पिता हूँ', दूसरे के मुँह से कहलवाया—'मैं भ्रष्टाचार का मूर्त रूप हूँ'।

सक्सेना : यह मैंने नहीं कहलवाया, सर!

मिनिस्टर : फिर किसने कहलवाया है?

सक्सेना : वह मेरे बड़े भाई साहिब ने, सर! वह भी नेताओं के लिए भाषण लिखते हैं। वह भी लेखक हैं। वह भी फ्रीलैंस जर्नलिस्ट हैं, सर!

मिनिस्टर : इसे तुमने अपना खानदानी पेशा बना रखा है?

सक्सेना : ऐसा ही समझ लें˙˙˙मेरी बहिन भी बयान लिखती है।

[टेलीफोन की घण्टी बजती है]

मिनिस्टर : कौन?˙˙˙पुलिस कमिश्नर? हाँ, कहिए। बयान नहीं मिला? भिजवा रहा हूँ। आज शाम तक मिल जायेगा। मैंने सोचा है, मैं तीनों भाषण टेप पर रिकार्ड करवाके आपके पास भेज दूँगा। आप वक्त के मुताबिक उनका इस्तेमाल करें। लिफाफों पर सब लिखा होगा। रिजर्व बैंक से मुआवजों के लिए पाँच लाख रुपए भिजवा दिये हैं, जल्दी ही आपके पास पहुँच जायेंगे। इससे पब्लिक पर अच्छा असर पड़ेगा।˙˙˙उस आदमी का पता चला या नहीं जो पुल के पास से लापता हो गया था? नहीं पता चला? फिर भी आप कहते हैं कि स्थिति कन्ट्रोल में है? बयान की कल तक मुनादी करवा दें, और मुझे बराबर खबर करते रहें।

[चोंगा रख देता है]

: **(सक्सेना से)** अब कान खोलकर सुन लो। यह धाँधली नहीं चलेगी। पर इस वक्त मैं कोई कदम नहीं उठाऊँगा। ये तीनों बयान आज शाम तक तैयार हो जाएँ। मैं इन्हें रिकार्ड करवा लूँगा, और आज ही तीनों बयानों के टेप, पुलिस कमिश्नर के दफ्तर में पहुँच जाएँ। पुलिस कमिश्नर को समझा देना कि कौन-सा बयान कब देना है।

सक्सेना : सर! **(सक्सेना का प्रस्थान)**

मिनिस्टर : हरामखोर!˙˙˙'भ्रष्टाचार का पिता'!

[सक्सेना मुड़ आता है]

सक्सेना : मुझसे कुछ कहा, सर?

मिनिस्टर : नहीं, भाग जाओ!

सक्सेना : यस, सर!

[प्रस्थान]

[पर्दा]

दृश्य : तीन

[फैक्टरी का मालिक अपने घर के चबूतरे पर खड़ा है। नीचे ज़मीन पर गुमाश्ता अपनी साइकिल का सहारा लिये खड़ा है।]

गुमाश्ता : फिर क्या विचार है ? यह मौका अच्छा है, कोई अच्छा सौदा हो सकता है।

सेठ : मैं सोचता हूँ, कीमतें और गिरेंगी।

गुमाश्ता : नहीं मालिक, और नहीं गिरेंगी। शहर की फिज़ा बिगड़ रही है, किसी वक्त भी दंगा हो सकता है।

सेठ : इसीलिए कहता हूँ, ज़मीन-जायदाद की कीमतें और गिरेंगी।

गुमाश्ता : ज़मीन के अहाते की कीमत पन्द्रह सौ से गिरकर नौ-सौ रह गयी है, कीमतें और क्या गिरेंगी ? आप अपना मन पक्का कीजिए। कितने ही लोग हैं जो शहर छोड़ जाना चाहते हैं, कुछ लोग हैं जो एक मुहल्ला छोड़कर दूसरे मुहल्ले में बस जाना चाहते हैं, कौन जाने ऐसा मौका फिर कब हाथ आये।

सेठ : आयेगा, आयेगा, ऐसे मौके आते रहते हैं। क्या तुमने कुछ सौदे किये हैं ?

गुमाश्ता : क्यों नहीं, तीन घरों की अदला-बदली करवा चुका हूँ। दो घर बिकवा चुका हूँ। हिन्दुओं के मुहल्ले में मुसलमान फँस जाये तो सौदा अच्छा हो जाता है।

सेठ : मैं सोचता हूँ, कीमतें अभी और गिरेंगी।

गुमाश्ता : दंगा शुरू होने की देर है, जब सब काम ठप्प हो जायेगा। यही वक्त है दो पैसे कमाने का।

[दायीं ओर से एक और सेठ का प्रवेश]

सेठ : **(आनेवाले सेठ से)** पीछे क्या हुआ है ? सुना है, कहीं गड़बड़ है ?

सेठ-2 : मुझे ठीक से मालूम तो नहीं क्या हुआ है, पर सुना है कोई आदमी

पुल पर से जा रहा था। जब किसी ने उस पर पत्थर फेंका, वह भागकर इधर-उधर हो गया। इससे इलाके में तनाव पैदा हो गया है। **(गुमाश्ते की ओर इशारा करते हुए)** गुमाश्ता सौदे कराने पहुँच गया है?

सेठ-1 : जी, कहता है कीमतें गिर गयी हैं, कोई ज़मीन-जायदाद खरीद लो।

सेठ-2 : यह बड़े सब्ज़बाग दिखाता है, इसकी बातों में नहीं आइए।

गुमाश्ता : वाह, महराज, हमें इसमें से क्या मिलेगा? रुपया सैकड़ा कमीशन, यही न? दूध पर से मलाई तो आप उतार ले जाओगे।

सेठ-2 : **(किस्सा सुनाता है)** पिछले दंगों के वक्त यह आदमी सेठी बूट स्टोर्सवालों के पास गया। कहने लगा, कुछ ग्वाले अपनी गाय-भैंसों का बाड़ा बेच रहे हैं। वे डरे हुए हैं और अपने गाँव लौट जाना चाहते हैं। आप उनका बाड़ा खरीद लो।

सेठ-1 : फिर?

सेठ-2 : इसने ऐसी भूमिका बाँधी कि वे मान गये और एक हज़ार रुपया पेशगी भी दे दिया। दो दिन बाद जब वे सौदा पक्का करने गये तो बाड़ा खाली, सिर्फ गोबर ही गोबर पड़ा था, वे लोग पेशगी भी हजम कर गये।

सेठ-1 : उन्हें चाहिए था, पेशगी देने के साथ ही उनकी दो गायें खोल लाते।

गुमाश्ता : मैंने भी यही कहा था।

सेठ-2 : पर यह कैसे हो सकता है? गायें कौन खोलने देता?

गुमाश्ता : वाह सेठजी, रातों-रात लोग औरतें उठा ले गये, जुलाहों की खड्डियाँ उठा ले गये, बख्शी की दुकान से जूतों के जोड़े उठा ले गये; फिर दो गायें खोल लाना कौन-सा मुश्किल काम था।

सेठ-2 : इस वक्त बहुत बोल रहो हो, तब कहाँ थे?

गुमाश्ता : उस वक्त वे अपने घर से निकले ही नहीं। जब बाहर आये तो ग्वाले जा चुके थे। इसमें मेरा क्या दोष है? जब लोग डरे हुए हों तो सौदे पक्के करना आसान हो जाता है। वे उस वक्त घर के अन्दर घुसे बैठे रहे।

सेठ-2 : **(हँसकर जाते हुए)** सेठजी को कोई अच्छा-सा सौदा करवा दो। सिर्फ सब्ज़बाग ही नहीं दिखाते रहना।

[प्रस्थान]

गुमाश्ता : कल ही मैंने एक मकान बिकवाया है। मकान-मालिक कीमत कम नहीं कर रहा था। मैंने उसे समझाया। कहा—अगर दंगों के दौरान तुम्हारे घर को आग लग गयी तो तुम्हें क्या मिलेगा? ··· वह फिर भी नहीं माना **(हँसकर)** मैंने एक और तरकीब निकाली ··· मैंने एक दस-नम्बरी

गुण्डे को उसकी गली में भेज दिया··· बड़ी-बड़ी आँखें और फनियर मूँछ, उसे देखकर डर लगता था। मैंने उससे कहा—चुपचाप उस मकान-मालिक के घर के सामने से गुजर जाना, दिन में दो-तीन बार चक्कर लगा आना, मकान के अंदर झाँक लेना पर कुछ कहने-करने की जरूरत नहीं।···लो, सेठजी, उसने एक ही चक्कर लगाया कि उसके बाद मैं पहुँच गया। मकान-मालिक पन्द्रह हज़ार से दस हज़ार पर आ गया। आज सुबह रजिस्ट्री भी करवा दी है।

सेठ : तू बड़ा काइयाँ आदमी है, लोगों को डराकर उनके घर बिकवाता है!

गुमाश्ता : यह तो व्यापार है सेठजी, कीमतें चढ़ती-गिरती रहती हैं।

सेठ : वह कहाँ जायेगा?

गुमाश्ता : वह जाये जहन्नुम! हमें उससे क्या?···कहिए, फिर क्या विचार है?

सेठ : सोचूँगा···पर तू मेरा एक काम करवा दे।

गुमाश्ता : हुक्म कीजिए।

सेठ : मेरी फैक्टरी से जुड़वाँ ज़मीन का वो टुकड़ा है या नहीं?

गुमाश्ता : जी, जानता हूँ, जिस पर झुग्गी-झोंपड़ीवाले डेरा डाले हुए हैं।

सेठ : बस, वह जमीन खाली करवा दे।

गुमाश्ता : पर वह तो सरकारी ज़मीन है, सेठजी!

सेठ : हाँ, जानता हूँ, वह सरकारी ज़मीन है। पर उस पर झुग्गी-झोंपड़ीवाले डेरा जमाये बैठे हैं। अगर ज़मीन खाली हो जाये तो मुझे मिल सकती है। मैंने अधिकारियों से बात कर ली है। ज़मीन खाली हो तो सरकार मेरे नाम उसकी लिखत कर देगी।

गुमाश्ता : यह क्या मुश्किल है, सेठजी! यह तो ज़मीन का टुकड़ा है, आप हुक्म दें तो सारा शहर खाली करवा देंगे।

[घर के अंदर से सेठ का छोटा भाई बाहर आता है]

सेठ : **(छोटे भाई से)** गुमाश्ता कहता है कि ज़मीन खाली करवा देगा।

छोटा सेठ : गुमाश्ता क्या करवायेगा? यह बोलता बहुत है। मेरी बात मानिए, नीति से काम लीजिए। और कोई तरीका नहीं। इस वक्त नीति से ही काम लेना होगा।

सेठ : नीति से क्या काम लूँ?

छोटा सेठ : अगर देने-दिलाने की बात करेंगे तो वे और टेढ़े होंगे। डराएँ-धमकाएँगे, तो भी नहीं मानेंगे। नीति से काम लें। मैं तो यही कहूँगा, नीति से काम लें।

[सेठ सोचता हुआ, ऊपर-नीचे टहलता है]

सेठ : क्या कहती है तेरी नीति?

छोटा सेठ : नीति कहती है कि इस समय झुग्गी-झोंपड़ीवालों से कहा जाये कि शहर में दंगे का खतरा है, अगर दंगा भड़क उठा तो तुम्हारी बस्ती पर जरूर हमला होगा। हम नहीं चाहते कि तुम्हारा नुकसान हो। खतरे के इन दिनों में तुम लोग फैक्टरी के अहाते में आ जाओ।

सेठ : फिर?

छोठा सेठ : इधर वो लोग ज़मीन खाली करें, उधर आप झट से सरकार के साथ लिखा-पढ़ी कर लें। ज़मीन खाली होगी तो सरकार लिखत करने के लिए तैयार हो ही जायेगी।

गुमाश्ता : वे लोग एक बार फैक्टरी के अन्दर घुस गये तो बाहर नहीं निकलेंगे, बल्कि अपने नाते-रिश्तेदारों को भी अन्दर बुला लेंगे!

सेठ : कहता तो तू ठीक है। भीड़ की भीड़ अन्दर घुस आये तो उसे निकालना मुश्किल हो जायेगा। बड़ा गंद फैलाएँगे।

छोटा सेठ : वह देखा जायेगा। इस वक्त तो जैसे भी हो, ज़मीन खाली करवाओ। जेब से कुछ पैसे भी देने पड़ें तो इनके खाने-पीने का प्रबन्ध कर दो।

सेठ : फिर ?

छोटा सेठ : बल्कि उनसे कहें कि आप उन्हें रोज़गार देंगे, उन्हें काम देंगे, उनके लिए पक्के क्वार्टर बनवा देंगे, उनके सिर पर पक्की छत होगी।

गुमाश्ता : इस ज़मीन पर करीमबख्श की भी नज़र है। वह यहाँ पर अपनी खड्डियाँ लगाना चाहता है।

छोटा सेठ : यही वक्त है, उन्हें जैसे-तैसे फैक्टरी के अन्दर ले आयें। जब लिखत हो जाये तो धक्के मारकर बाहर निकाल दें।

सेठ : बाहर कहाँ निकाल दें? वे फिर मेरी ही ज़मीन पर झुग्गियाँ डाल लेंगे।

छोटा सेठ : क्यों डाल लेंगे? इसका बन्दोबस्त हम कर लेंगे। इस बीच हम ज़मीन के चारों तरफ कँटीले तार लगवा देंगे।

गुमाश्ता : उन्हें बाहर निकालने का काम आप हम पर छोड़ दें।

सेठ : तुम क्या करोगे?

गुमाश्ता : कोई तरकीब निकालेंगे।

छोटा सेठ : तरकीबें ही नहीं निकालते रहना। इस काम को पूरा करना है।

[बायीं ओर से एक लड़का भागता हुआ अन्दर आता है]

लड़का : बसअड्डे के पास एक घोड़ा मरा पड़ा है।

सेठ : क्या?

छोटा सेठ : **(डरकर)** हिन्दु था या मुसलमान?

लड़का : घोड़ा था, घोड़ा!

छोटा सेठ : मेरा मतलब है किसका घोड़ा था, हिन्दू का या मुसलमान का?

लड़का : मुझे नहीं मालूम।

छोटा सेठ : घोड़े को मारनेवाला कौन था? हिन्दु या मुसलमान?

लड़का : **(हँसकर)** यह घोड़े को मालूम होगा, साहिबजी, मुझे नहीं मालूम।

[लड़का दायीं ओर से बाहर निकल जाता है]

सेठ : दंगा होकर रहेगा। **(गुमाश्ते से)** बस यह ज़मीन खाली करवा दे।

गुमाश्ता : इसमें क्या मुश्किल है जी? ··· करीमबख्श के साथ भाईवाली करते हो?

सेठ : किस बात की भाईवाली?

गुमाश्ता : खड्डियों के काम की। उसके पास दो सौ खड्डियाँ हैं। अब वह इस काम में सिर्फ अपना पैसा लगाना नहीं चाहता। उसे पूँजी की ज़रूरत है, मैं सोचता हूँ आप थोड़ी रकम डालकर उसके साथ भाईवाली कर लो। इस ज़मीन पर खड्डियाँ लगा लें।

सेठ : तुम्हें करीमबख्श ने मेरे पास भेजा है?

गुमाश्ता : यही समझ लीजिए।

सेठ : सोचूँगा, सोचकर बताऊँगा। इस वक्त तू ज़मीन तो खाली करवा दे। ··· अब भाग जा, हालात अच्छे नहीं हैं ···।

[सेठ और छोटा सेठ घर के अन्दर चले जाते हैं। गुमाश्ता साइकिल पर बाहर निकल आता है।]

[पर्दा]

दृश्य : चार

[बाज़ार में दो-तीन दुकानदार अपनी-अपनी दुकान के चबूतरे पर बैठे बतिया रहे हैं। एक आदमी सामने से गुज़रता है।]

दुकानदार : क्यों भैया, यह पीछे क्या गड़बड़ है?

राहगीर : जिस आदमी पर पुल पर पथराव किया गया था, वह भाग रहा है, लोग उसका पीछा कर रहे हैं, वह छिपता फिरता है, कहीं इधर-उधर हो गया है··· पर कोई खतरेवाली बात नहीं है।

दुकानदार-2 : लो, सुथरा आ रहा है। उससे पता चलेगा।

[सुथरे का प्रवेश। दरवेशोंवाली पोशाक, खुला घाघरा, पाँवों में घुँघरू, कंधे पर से थैला लटक रहा है।]

दुकानदार-1 : सुथरे, यह पीछे क्या हुआ है? शोर किस बात का है?

सुथरा : भट्टी जलेगी! खूब भुनाई होगी!

दुकानदार : धत्तेरे की! शुभ-शुभ बोल, सुथरे, कभी कोई अच्छी बात भी मुँह से निकाला कर!

सुथरा : तैयारियाँ ज़ोरों पर हैं! होली मचेगी!

दुकानदार-2 : होली मचेगी तो तू क्या करेगा?

सुथरा : **(मुस्कराकर)** हमें क्या करना है, भोले बादशाह, हम खड़े-खड़े तमाशा देखेंगे।···

कोई मरे ते कोई जीवे
सुथरा घोल बताशे पीवे!

दुकानदार-1 : अगर दंगे का डर हो तो हम दुकानें बन्द कर दें?

सुथरा : कपड़े की दुकानें खुली रहें कफनों के लिए, किरासीन की दुकान खुली रहे आग लगाने के लिए, लकड़ियों के टाल खुले रहें अगले जहान पहुँचाने के लिए।

दुकानदार-2 : बस, बस, और अनाप-शनाप मुँह से नहीं निकालना!

सुथरा : बाकी सब लोग दुकानें बन्द करो और घर पर बैठकर टेलिविज़न देखो !

दुकानदार-1 : बाहर दंगा हो रहा है और हम अन्दर बैठकर टेलिविज़न देखें ?

सुथरा : टेलिविज़न चलता रहेगा, सदा चलता रहेगा, प्रलय के वक्त भी चलता रहेगा।

दुकानदार-2 : अब बताओ, पीछे क्या हो रहा है ?

सुथरा : पीछे बहुत कुछ हुआ है, आपको क्या-क्या बताऊँ ! **(घाघरा फैलाकर बुत्ती पर बैठ जाता है।)**

दुकानदार-1 : पुल पर क्या हुआ है ?

सुथरा : पुल पर एक दुकान है, छतरियों की। वहाँ किसी ग्राहक के साथ दुकानदार की तू-तू, मैं-मैं हो गयी। ग्राहक वहाँ से दौड़ता हुआ गया और अपने साथियों को बुला लाया। उधर से दुकानदार के हिमायती भी पहुँच गये। पर मामला बिगड़ा नहीं, रफा-दफा हो गया।

दुकानदार-2 : वाह, यह क्या बात हुई। फिर ?

सुथरा : पर कुछ देर बाद, कोई आदमी अपना छाता खोले पुल पर से जा रहा था, जब किसी ने उस पर पत्थर फेंका। वह आदमी डरकर भाग खड़ा हुआ। पत्थर फेंकनेवाले और ज्यादा तेज़ हो गये। वह आदमी भागता हुआ पुल पर से उतर गया और कहीं पर जाकर छिप गया। अब लोग उसे ढूँढ रहे हैं।

दुकानदार-3 : तुम्हारी बातों का न सिर, न पैर, अब असल बात बता, वह आदमी हिन्दू था या मुसलमान ?

सुथरा : **(मुस्कराकर)** यह असल बात अभी तक पता नहीं चल पाई।

दुकानदार-1 : इसका पता चल भी नहीं पायेगा। दुकान किसकी है ?

सुथरा : छातों की, पर वह टोपियाँ और मनियारी का सामान भी बेचता है।

दुकानदार-2 : **(चिढ़कर)** हमें इससे क्या, दुकान में क्या बेचता है, बैंगन बेचता है। है कौन, हिन्दु है या मुसलमान ?

सुथरा : मुसलमान !

दुकानदार-1 : और वह आदमी जिस पर पथराव हुआ, वह कौन था ?

सुथरा : कहते हैं, वह कोई स्कूल मास्टर था।

दुकानदार-2 : भाड़ में जाये स्कूल मास्टर ! हिन्दू था या मुसलमान ?

सुथरा : यही बात तो अभी तक पता नहीं चल पाई। कहते हैं उसने घुटनों तक लम्बा कोट और नीचे पाजामा पहन रखा था।

दुकानदार-3 : पाजामा चौड़े पाँयचोंवाला था या तंग मोहरीवाला ?

सुथरा : कहते हैं, चौड़े पाँयचोंवाला था।

दुकानदार-2 : तब तो वह मुसलमान था।

दुकानदार-1 : नहीं लाला, कोई-कोई हिन्दु भी अब चौड़े पाँयचोंवाला पाजामा पहनने लगे हैं। मुँह पर दाढ़ी थी?

सुथरा : हाँ!

दुकानदार-2 : तब मुसलमान था। बकरा दाढ़ी थी? लोग क्या कहते हैं, हिन्दु था या मुसलमान?

सुथरा : तेली मुहल्लेवाले कहते हैं मुसलमान था, पर रमेशनगर वाले कहते हैं हिन्दु था।

दुकानदार-2 : पुलिस ने दुकानदार से पूछा है?

सुथरा : दुकानदार का कहना है कि वह मेरी दुकान पर नहीं आया।

दुकानदार-2 : तब वह हिन्दु था?

दुकानदार-1 : फिर उस पर पथराव क्यों किया?

सुथरा : वह मुसलमानों ने किया।

दुकानदार-2 : सुथरे की बक-बक सुनते जाओ।

दुकानदार-1 : सुथरे, यह बक-बक करना छोड़ दे। कोई अक्ल की बात किया कर। घर जाकर बैठ और भगवान का नाम ले।

सुथरा : भगवान का नाम लेंगे, ग़रीबनवाज़, क्या दोगे?

दुकानदार-2 : तू तो बड़ा मतलबी है। भगवान का नाम लेने के भी पैसे माँगता है!

सुथरा : मैं ही क्यों, सारा जहान मतलबी है। **(गाने लगता है—)**

मैं लिया ई ठोक-बजा
कि दुनिया मतलब दी!
दुनिया मतलब दी, सोहणियो, दुनिया मतलब दी!···

कल रात सपने में भगवान के साथ छोटी-सी बहस हो गयी। भगवान कहने लगे, सुथरे, अगले जनम में तुम क्या बनना चाहोगे? मैंने हाथ बाँधकर कहा, हुजूर, पिछले कई जन्मों में तो आपने मुझे बलि का बकरा बनाया है, अगले जन्म में कसाई बना दें।

दुकानदार-2 : भगवान ने क्या कहा?

सुथरा : भगवान बोले, थोड़ी देर और रुक जाओ, इक्कीसवीं सदी शुरू हो जाने दो, तुम्हें कसाई बना दूँगा।

दुकानदार-1 : तुम नये ज़माने के हो सुथरे, या पुराने ज़माने के?

सुथरा : नये ज़माने का, बुजुर्गो, सौ फीसदी नये ज़माने का।

दुकानदार-2 : दोनों में फर्क क्या है?

सुथरा : मैंने तो अर्ज़ किया ना, हुजूर, अगर बलि का बकरा बनो तो तुम पुराने ज़माने के, अगर कसाई बनो तो नये ज़माने के··· इधर पीछे, सिनेमाघर

के पास, बाबू नरसिंगदास रहता है, ना, वह जो एजण्टी का काम करता है? वह भी नये ज़माने का है।

दुकानदार-1 : वह कैसे?

सुथरा : कल सुबह वह अपनी माँ से कहने लगा, चल माँ, तुम्हें डाक्टर से दिखवा लाऊँ। माँ गदगद हो गई। बेटे को मेरा ख्याल आया है! माँ तैयार हो गयी, और बर्खुरदार माँ को ले चला। पर डाक्टर के पास ले जाने के बजाय, वह उसे छोटे भाई के घर ले गया। माँ को चबूतरे पर बैठाया, और घर की घण्टी बजायी, और साथ ही माँ से बोला, "माँ, मैं तेरी बहुत सेवा कर चुका हूँ। अब तेरा छोटा बेटा तेरी सेवा करेगा और मैं जा रहा हूँ। टा-टा, बाई-बाई।" और मोटर चलाकर निकल गया। माँ भौंचक्क-सी चबूतरे पर ही बैठी रह गयी। समझ गये हो, व्यापारियो · ·

मैं लिया ई ठोक-बजा
कि दुनिया मतलब दी।

[गाते और ढपली पर थाप देते हुए दुकानदार नं. 3 के पास खड़ा हो जाता है।]

: मेरे सवाल का जवाब दोगे?

दुकानदार-3 : पूछो, क्या पूछते हो?

सुथरा : ठीक-ठीक जवाब देना, इधर-उधर की मत लगाना।

दुकानदार-3 : तुम भी सीधा सवाल पूछना, बुझारतें नहीं बुझवाना।

सुथरा : दुनिया में सबसे बड़ी ताकत कौन-सी है, जो धकेलकर सबको आगे ले जाये?

दुकानदार-3 : हुकूमत की ताकत।

सुथरा : ग़लत। फिर सोचो।

दुकानदार-2 : पैसे की ताकत।

सुथरा : फिर सोचो, नज़दीक पहुँच गये हो।

दुकानदार-1 : खिदमत, निःस्वार्थ सेवा की ताकत।

सुथरा : फिर दूर चले गये हो, बिल्कुल ग़लत।

दुकानदार-3 : आत्मबल।

सुथरा : बिल्कुल ग़लत।

दुकानदार-2 : स्वार्थ, स्वार्थ की ताकत।

सुथरा : फिर नज़दीक पहुँच गये हो, फिर बूझो!

[चुप्पी]

दुकानदार-2 : अब तू बता।

सुथरा : सबसे बड़ी ताकत बेईमानी में है।

[चुप्पी, हँसी]

दुकानदार-1 : क्या बक रहा है, सुथरे?

सुथरा : हुकूमत, दौलत, सेवा, स्वार्थ, ये सब छोटी ताकते हैं, सबसे बड़ी ताकत बेईमानी है, भ्रष्टाचार।

दुकानदार-3 : सबसे ज्यादा ताकत कुर्बानी में है।

सुथरा : कुर्बानी अपनी, या दूसरे की? ···बेईमानी की ताकत सबसे ज़बरदस्त ताकत है। जहाँ भ्रष्टाचार होगा, वहाँ विकास होगा, तरक्की होगी। जिन देशों ने सबसे ज्यादा तरक्की की है, वहाँ सबसे अधिक भ्रष्टाचार पाया जाता है। ईमानदारी के साथ काम करोगे, वहीं के वहीं खड़े रहोगे, सरकार को गालियाँ दोगे, लोगों को उपदेश दोगे, भारतमाता की जय बोलोगे, पर रहोगे वहीं के वहीं! पर अगर पैसा चढ़ाओगे, मुट्ठी गर्म करोगे, ऊपर से नीचे तक, तो गाड़ी फक-फक करती चल पड़ेगी। क्यों? **(गाता है—)**

की मैं झूठ बोलिया?
की मैं कुफर तोलिया?
कोय ना, भाई कोय ना, भाई कोय ना!···

: क्यों व्यापारियो, मैंने ठीक कहा है? पैसे हथेली पर रखो, हेरा-फेरी करो, कुछ हेरा-फेरी वह करेगा, कुछ हेरा-फेरी दोनों मिलकर करोगे, काम चल निकलेगा। आँखें खोलो, व्यापारियो! तुम कहाँ बैठे हो? इक्कीसवीं सदी की ओर जाना चाहते हो तो अभी से तैयारी करो।

दुकानदार-1 : यह तो रिश्वतखोरी है।

सुथरा : जिसे तुम रिश्वतखोरी कहते हो, वह असल में मशीन का तेल है।

[दो-एक आदमी हँसने लगते हैं।]

: तेल दिये बगैर मशीन नहीं चलती, गाड़ी आगे नहीं बढ़ सकती। देश तरक्की नहीं कर सकता।

दुकानदार-2 : तरक्की कि तरट्टी?

सुथरा : ईमानदार लोग मालगाड़ी की तरह होते हैं—धक्क चाचा, चुक्क लाला, धक्क चाचा···और भ्रष्ट लोग फ्रंटियर मेल जैसे, जो हवा से बातें करती हुई दौड़ती है। जो लोग कुछ भी करना नहीं चाहते, वे सदाचार की बातें करते हैं। मुट्ठी गर्म करोगे, काम आगे बढ़ेगा, सदाचार के उपदेश झाड़ोगे, फाइलें वहीं की वहीं पड़ी रहेंगी, उन पर धूल जमती रहेगी।

दुकानदार-2 : इस मुल्क का बेड़ा कौन पार लगायेगा . . . जहाँ तुम जैसे मनहूस पैदा हो गये हैं।

सुथरा : बेड़ा पार लगानेवाले आ रहे हैं, जल्दी ही पहुँच जायेंगे, घर से चल पड़े हैं। पहुँचेंगे तो चारों ओर रोशनी ही रोशनी छिटक जायेगी। हम सब मिलकर उनकी ताजपोशी करेंगे, उनका गुणगान करेंगे। बस, वे आये कि आये समझो, आप तैयारी करो।

दुकानदार-1 : क्या बके जा रहा है, सुथरे!

सुथरा : बेड़ा पार लगानेवाले आ रहे हैं, मैंने कहा—जल्दी ही पहुँच जायेंगे। घर से चल पड़े हैं। मैं आप लोगों को इनकी सूचना देने आया हूँ।

[सेठ, फैक्टरी का मालिक उधर से गुज़रता है। सभी दुकानदार उठकर खड़े हो जाते हैं।]

सेठ : क्या मजलिस लगाये बैठे हो, सुथरे?

दुकानदार-3 : राम-राम सेठजी, सुथरे का भाषण सुन रहे हैं।

सेठ : शहर में जो सुना है गड़बड़ है।

दुकानदार-2 : आपके सहारे बैठे हैं, सेठजी!

[सेठ का प्रस्थान।]

सुथरा : यह बहुत बड़ी हस्ती हैं, तोप हैं, तोप!

दुकानदार-3 : बेशक, एक जमाना था जब इनका पिता छोटी-सी परचून की दुकान किया करता था, आज इनकी लाखों पर क़लम है, बड़े-बड़े मिनिस्टरों-अफसरों के साथ वे कुर्सी पर बैठते हैं।

सुथरा : बड़े पहुँचे हुए जीव हैं। कभी इनके कारनामे आपको सुनायेंगे।

दुकानदार-1 : सुथरे से तो किस्से-कहानियाँ सुनते जाओ।

दुकानदार-2 : क्या किस्सा है इनका? अभी बता जाओ।

सुथरा : किस्सा, नहीं मेहरबान, हाथ की सफाई की दास्तान है। . . .

: **(सुनाते हुए)** आज से पन्द्रह साल पहले यह गुरुदेव एक दिन पठानकोट की मण्डी में प्रकट हुए। एक दुकान से दूसरी दुकान, कपड़े के थोक दुकानदारों के पास गये और बहुत-सा सामान खरीद लिया। सब दुकानों पर पेशगी रक़में दीं, साथ में हिदायत करते गये कि माल पटियाला रवाना कर दिया जाये, और बिल्टियाँ अमुक बैंक की मार्फत भेज दी जायें। बस, फिर क्या था, माल रवाना हो गया, बिल्टियाँ बैंक पहुँच गयीं, आपने अदायगी करके माल छुड़ा लिया, अल्लाह-अल्लाह, खैर सल्लाह!

दुकानदार-2 : फिर? आगे चलो . . .

सुथरा : सुनते जाओ˙ ˙ ˙ छह महीने बाद यह उसी मण्डी में फिर प्रकट हुए। इन्हें देखते ही दुकानदारों की बाछें खिल गयीं। पिछली बार इन्होंने दो लाख का माल खरीदा था, अबकी बार पाँच लाख का माल खरीदा। पहले की ही भाँति पेशगी रकमें दीं, बैंक की मार्फत बिल्टियाँ भेजने की हिदायत की, दुकानदारों के घरों पर ज़ियाफतें खायीं, और पटियाला के लिए रवाना हो गये।

: पर मेहरबानो, जब माल पटियाला पहुँचा, तो न किसी ने माल छुड़ाया और न ही बिल्टियों की अदायगी की, और यह गुरु ग़ायब। इनका पता-सिरा ही कहीं पर नहीं, बस, अन्तर्धान हो गये। और बाद में, जब पेटियाँ खोली गयीं तो अन्दर कचरा और लीद और कूड़ा और मिट्टी भरे पड़े थे। और सेठ, मक्खन में से बाल की तरह साफ निकल गया था˙ ˙ ˙ और आज मित्रो, वही महाराज जी हमारे शहर के सिरमौर हैं, लाखों पर इनकी कलम है˙ ˙ ˙ इसे कहते हैं हाथ की सफाई।

दुकानदार-2 : यह सब कैसे हो गया?

सुथरा : **(उठते हुए)** यह फिर कभी बतायेंगे। यह सीरियल की अगली किस्त में आता है।

दुकानदार-3 : अब तो अपनी फैक्टरी को बढ़ा रहे हैं। फैक्टरी के साथवाली ज़मीन साथ में मिलाना चाहते हैं। क्यों सुथरे, यह ज़मीन उन्हें मिल जायेगी?

सुथरा : कौन-सी ज़मीन?

दुकानदार-3 : फैक्टरी से जुड़वाँ ज़मीन है या नहीं?

सुथरा : वहाँ पर तो झुग्गी-झोंपड़ीवाले बैठे हैं।

दुकानदार-2 : वही ज़मीन।

सुथरा : सेठ का सितारा बुलन्द है। ज़मीन मिलेगी, पर˙ ˙ ˙

दुकानदार-1 : पर क्या?

सुथरा : **(हाथ आगे बढ़ाकर)** हमारी हथेली गर्म करो, हम अभी 'पर' का मतलब समझा देते हैं।

दुकानदार-1 : क्या हमसे भी पैसे लोगे?

सुथरा : हमारा बाप भी अगर जीता होता तो हम तो उससे भी पैसे लेकर बताते।

दुकानदार-2 : वह तुमसे परेशान होकर ही दुनिया छोड़ गया होगा।

[सुथरा जाने लगता है।]

: कुछ बताकर तो जाओ।

सुथरा : बता दिया है, सेठ को ज़मीन मिलेगी, पर ···। उसे यह 'पर' ज़मीन से ज्यादा महँगा पड़ेगा।

[बाहर जाने लगता है।]

दुकानदार-3 : यह भी बता जाओ कि शहर में दंगा होगा या नहीं?

सुथरा : होगा ··पर

[···गाता हुआ बाहर चला जाता है।]

[पर्दा]

दृश्य : पाँच

[हथियारों की दुकान के बाहर, सड़क पर गुमाश्ता और छोटा सेठ। नाम, छोटेलाल। छोटेलाल के हाथ में ब्रीफकेस है।]

छोटेलाल : **(गुमाश्ते से)** यह क़ौम की खिदमत है, धर्म की सेवा है। यहाँ भी तुम दलाली माँगते हो! दुश्मन धड़ाधड़ असला इकट्ठा कर रहा है।

गुमाश्ता : इसे आप दलाली कहिए, प्रसाद कहिए। रुपया सैकड़ा मेहनताना क्या बहुत है? ···दोगे ना? पक्का हो गया ना?

छोटेलाल : दूँगा, दूँगा, चल आगे···

गुमाश्ता : अब आ जाओ मेरे साथ। जो मिलता है खरीद लो, अब देर नहीं करो। किसी वक्त कुछ भी हो सकता है।

[दूसरी ओर से बावर्दी सिपाहियों की एक टोली, बंदूकों से लैस, चली आ रही है। दो सिपाहियों ने एक बड़ा-सा संदूक उठा रखा है, पुलिस के पहरे में संदूक ले जाया जा रहा है।]

[एक ओर से आते हुए हमीदा और जग्गा पुलिस टोली को आता हुआ देखकर एक तरफ हो जाते हैं।]

जग्गा : **(सेल्यूट मारकर)** फौज किधर जा रही है, हुज़ूर?

[थानेदार कोई उत्तर नहीं देता। पुलिस-टोली का प्रस्थान। जग्गा और हमीदा कुछ देर तक उसे देखते रहते हैं, फिर उसके पीछे जाने लगते हैं।]

: कुछ पता तो चले।

[जग्गा और हमीदा का प्रस्थान।]

[पर्दा खुलने पर हथियारों की दुकान। आलमारियों में छुरे, तलवारें, संगीनें, नेज़े-भाले सजाकर रखे हुए हैं। पर्दा खुलने पर दुकानदार, धूप-बत्ती लिये, पहले अपने इष्टदेव

की आराधना करता है, उसके सामने धूप जलाता है, फूल रखता है, फिर आलमारियों में सजे हथियारों को धूप दिखाता है, सिर नवाता है।]

[गुमाश्ता और छोटेलाल का प्रवेश।]

दुकानदार : आओ जी, आइए। अब आये हो? अब नींद से जागे हो? हमारी कौम की यही तो बीमारी है, प्यास लगने पर कुआँ खुदवाते हैं। फरमाइए, क्या हुक्म है?

छोटेलाल : दो सौ लाठियाँ भिजवा दीजिए।

दुकानदार : जी? क्या फरमाया आपने?

छोटेलाल : दो सौ लाठियाँ! चलिए अढ़ाई सौ कर दीजिए।

दुकानदार : क्यों, बच्चों की परेड करवाओगे? उनसे कवायद करवाओगे?

छोटेलाल : हिफाज़त के लिए।

दुकानदार : लाठियों से कौम की हिफाज़त करोगे? आज के ज़माने में लाठियों से रक्षा करोगे? युवक पैंतरे बदल-बदलकर लाठी घुमायेंगे और दुश्मन डरकर भाग खड़ा होगा, **(हँसता है)** अब तो बन्दूक-पिस्तौल भी पुराने पड़ गये हैं, श्रीमानजी, अब तो हथगोले और बम चलने लगे हैं। किस दुनिया में रहते हैं आप? मैंने सुना है कि आप अखाड़े खोल रहे हो, जहाँ लड़के कसरत करेंगे, कुश्ती करेंगे, दण्ड पेलेंगे, **(हँसकर)** इस तरह क़ौम की सेवा करेंगे! दुश्मन तो गोला-बारूद इकट्ठा कर रहा है, आप लाठियाँ चलाओगे? वाह बादशाहो! **(आलमारी में से एक छुरा निकाल लाता है)** यह छुरा देखो, पूरे नौ इंच लम्बा फल है इसका **(छुरे की धार पर उँगली फेरता है)** क्या चीज़ है! इसकी धार देखो, वज़न में कितना हल्का है। एक ही वार में पेट की अंतड़ियाँ काटकर रख देगा, अन्दर घुसेड़कर एक ही मरोड़ दो, वहीं चित्त कर देगा। देखो तो कितना हल्का है। चाहो तो जेब में रख सकते हो, नेफे में अड़ा लो, पता ही नहीं चलेगा। बोलो, कितने दूँ?

छोटेलाल : दाम क्या है?

दुकानदार : **(व्यंग्य से)** जाति की रक्षा का दाम पूछते हो?

छोटेलाल : फिर भी।

दुकानदार : यही तो हमारी क़ौम में कमज़ोरी है। ब्याह-शादी में तो लाखों बहा देंगे, पर जब क़ौम पर खतरा मँडराने लगता है तो पैसे गिनने लगते हैं। दुश्मन ने हथियारों से अपने गोदाम भर लिये हैं, और इधर आपको दाम की चिंता खाये जा रही है!

गुमाश्ता : दुश्मन ने अपने गोदाम भर लिये हैं? आपको कैसे मालूम है?

दुकानदार : क्यों ? हम बाज़ार में नहीं बैठे हैं ? बहुत-सा माल वे हमसे ही ले गये हैं।

गुमाश्ता : आपसे ? क्या आप दुश्मन को भी हथियार बेचते रहे हो ?

दुकानदार : हमें तो व्यापार करना है, महाराज, जो भी आये दाम दे जाये और माल उठा ले जाये। **(छुरा पेश करते हुए)** औरों से चालीस रुपया फी छुरा लिया है, आप धर्मभाई हो, आप उन्तालीस दे दो।

[छोटेलाल सोचने लगता है।]

: बाहर यह चीज़ सत्तर में भी नहीं मिलेगी। पर आप धर्म के काम के लिए आये हो, पुण्य का काम कर रहे हो, आपको उन्तालीस में दे देंगे।

छोटेलाल : दाम कुछ कम करो, सौ छुरे ले लेंगे।

दुकानदार : वारा नहीं खाता। **(पास जाकर)** आपको कौन-सा अपनी जेब से देना है महाराज, आप भी तो क़ौम की जेब से ही दोगे! ··· एक और चीज भी आपको दिखाता हूँ। **(आलमारी से कमानीदार चाकू निकालते हुए)** यह कमानीदार छुरा है, कमानी दबाओ, सात इंच का फल बाहर निकल आता है··· हमारी दुकान पर से पाँच सौ छुरे जा चुके हैं।

छोटेलाल : दुश्मनों को बेचे हैं ?

दुकानदार : हम खुद थोड़े बेचने जाते हैं, पर कोई दुकान पर आ जाये तो इन्कार भी तो नहीं कर सकते।

छोटेलाल : वे लोग आपसे और क्या कुछ ले गये हैं ?

दुकानदार : और भी बहुत कुछ ले गये हैं।

गुमाश्ता : फिर भी ?

दुकानदार : **(हँसकर)** एक ग्राहक का भेद दूसरे को नहीं देते, साहिब, दुकानदार के लिए तो ग्राहक भगवान का रूप होता है··· यह छुरा ले जाओ, बड़े काम की चीज़ है।

छोटेलाल : एक सौ छुरे दे दो।

दुकानदार : एक सौ से क्या बनेगा ? पाँच सौ तो लो।

छोटेलाल : दो सौ कर दो, ज्यादा जरूरत हुई तो और मँगवा लेंगे।

दुकानदार : कब मँगवा लोगे ? जब दुकानें बंद हो जायेंगी, जब सारा का सारा काम ठप्प हो जायेगा ? आपने पहले ही देर कर दी है।

छोटेलाल : तीन सौ कर दो।

दुकानदार : यह वक्त पैसे गिनने का नहीं है महाराज, क़ौम के काम में कंजूसी नहीं करते। क़ौम पर मुसीबत आयी है, पैसे गिनते रहोगे तो क़ौम की रक्षा क्या कर पाओगे ? ··· मैं चार सौ लिख रहा हूँ।

छोटेलाल : **(धीरे से सिर हिलाता है)** लिख दो।

दुकानदार : **(पास जाकर)** छुरे तो मैं भेज दूँगा, पर सच पूछो तो हमारे लोग चला नहीं पायेंगे, हमारी क़ौम को खून से डर लगता है। हमारे हाथों आदमी मर जाये तो हम खुद रोने लगते हैं, पर हाँ, हमारे आदमी बन्दूक-पिस्तौल चला लेंगे। बन्दूक दूर से वार करती है ना, इसीलिए यह काम ज्यादा आसान है। ज्यादा आसान भी है और ज्यादा सुथरा भी है। एक डरपोक आदमी भी बन्दूक चला सकता है, पर छुरा नहीं चला सकता। दूर से फायर करो, पता ही नहीं चलता कौन, कहाँ गिरा है। मेरी बात मानो, कुछ पिस्तौल, तमंचे, बन्दूक, हथगोले भी ले लो, एहतयात के लिए। सारा बंदोबस्त वक्त रहते कर लेना चाहिए।

छोटेलाल : **(सिर हिलाता है, जैसे दुकानदार के तर्क से प्रभावित हुआ है)** मैं अपने साथियों से बात करूँगा।

दुकानदार : सायंस का पूरा-पूरा फायदा उठाओ, यह सायंस का जमाना है। एक बटन दबाओ और हज़ार आदमी खाक हो जायें। हम अभी भी कुंद कुल्हाड़ी से गले काटते हैं। सायंस का इस्तेमाल करो। लाठियों-कुल्हाड़ियों के दिन बीत गये। कुछ आगे बढ़ो श्रीमान जी · · ·

छोटेलाल : मैं मश्विरा करूँगा।

दुकानदार : करो मश्विरा, पर मश्विरा ही नहीं करते रहना। एक और बात भी अर्ज़ कर दूँ · · · अपने युवकों के हाथ में ज़रूर हथियार दो, पर अब हर काम के लिए पेशेवर आदमी मिल जाते हैं। पैसे दो और करवा लो। खुद जोखिम उठाने की जरूरत ही नहीं। वे लोग इस काम में खूब मँझे होते हैं, उनका हाथ भी ज्यादा साफ होता है, उनका निशाना अचूक बैठता है। बाहर ही बाहर पैसे दो और काम करवा लो। आग लगाना, लूट-पाट—ये काम आसान होते हैं, कोई भी कर लेगा, पर जान से मारने का काम पेशेवर के हाथ में, उसी से करवाओ **(पास जाकर धीरे से)** कहो तो हम इन्तजाम कर दें?

छोटेलाल : **(चौंक जाता है)** आप? आप इन्तज़ाम कर सकते हैं?

दुकानदार : कर देंगे।

छोटेलाल : आप किस तरह करोगे?

दुकानदार : यह हम पर छोड़ दो, भाई साहिब, अब हर काम के लिए एजेंसियाँ खुल गयी हैं। यह काम तो टेलीफोन पर भी हो जाता है। हमें सेवा का मौका दीजिए।

[छोटेलाल बक्से में से दस-दस हज़ार के नोटों के पुलिन्दे निकालकर दुकानदार के आगे रखता है।]

छोटेलाल : दस-दस हज़ार की गड्डी है, इन्हें गिन लो, अपनी तसल्ली कर लो।

दुकानदार : आपसे तो आँखें बंद करके लेंगे, महाराज, यह तो प्रसाद है, पुण्य का पैसा है, चूमकर लेंगे।

छोटेलाल : सामान भिजवा देना।

दुकानदार : बेफिक्र रहिए। ठीक जगह पर पहुँच जायेगा। ··· आदमियों का इन्तज़ाम हम कर देंगे। उन्हें जो कुछ देना-करना होगा, वह भी बता देंगे। सस्ते में ही हो जायेगा। आप आराम से घर जाओ और टेलिविज़न देखो। आजकल प्रोग्राम अच्छे आ रहे हैं। 'रामायण' का तो जवाब नहीं! वाह, हमारी सभ्यता का निचोड़ निकालकर सामने रख दिया है, वाह, वाह, क्या चीज़ बनी है!

छोटेलाल : अच्छी बात है, तो मैं चलूँगा।

दुकानदार : ठहरो जी, आपकी बात यहीं पर करवा देते हैं। **(घंटी बजाता है। धीमी आवाज़ में)** पर किसी से इस बात का ज़िक्र नहीं करना, आप हमारे धर्मभाई हो, आपकी मदद करना हमारा फर्ज़ बनता है।

छोटेलाल : **(चौंककर)** यहाँ पर? नहीं, नहीं, यहाँ ठीक नहीं। **(झेंप जाता है)**

दुकानदार : **(हँसता है)** बाबूजी, कब आप यह शर्म-झेंप छोड़ेंगे? दुनिया में ये सब काम खुल्लमखुल्ला होने लगे हैं। झिझक-शर्म किस बात की? आप तो औरतों से भी ज्यादा शरमाने लगे हो। आप तो क़ौम का काम कर रहे हो, क़ौम के काम में झिझक-शर्म किस बात की?

छोटेलाल : नहीं, नहीं, ऐसी बात तो नहीं है, पर फिर भी यहाँ पर ··· **(गुमाश्ते से)** मैं चलता हूँ, गुमाश्ताजी, आप बात कर लो।

दुकानदार : यह भी ठीक है। आप खुद सामने नहीं आओ, गुमाश्ता बात कर लेगा।

[स्टेज पर अँधेरा छा जाता है, थोड़ी देर तक अँधेरा बना रहता है, फिर एक ओर को रोशनी का दायरा बन जाता है, जिसके बीचोबीच गुमाश्ता और जग्गा खड़े हैं। जग्गा पेशेवर गुण्डा है। गले में रंगदार रूमाली, ऊँचा-लम्बा पहलवानी आकार, फनियर मूँछें ···]

जग्गा : पच्चास रुपए फी आदमी लूँगा, इससे एक पैसा कम नहीं होगा, लूट-पाट अपनी।

गुमाश्ता : यह क़ौम का काम है।

जग्गा : क़ौम का हो या निजी हो, इसमें भी आदमी मारना, उसमें भी आदमी मारना। ठेके पर करवाना चाहो तो ठेके पर करवा लो। दिहाड़ी के हिसाब से करवाना चाहो तो इस तरह करवा लो। जैसा तुम्हें वारा खाता हो।

गुमाश्ता : मैंने कहा ना, यह क़ौम का काम है।

जग्गा : मुझसे पूछो तो क़ौम का काम ज्यादा मुश्किल होता है। पूछो, क्यों? इसमें दूसरी क़ौम के आदमी को ढूँढना पड़ता है। हम तो हर क़ौम के आदमी को मारते हैं, हमारे लिए सब बराबर है, जो सामने आ जाये। चुन-चुनकर मारना ज्यादा मुश्किल होता है।

गुमाश्ता : अगर आदमी मरे नहीं, सिर्फ जख्मी हो जाये, तो कितने पैसे लोगे?

जग्गा : तो भी पच्चास रुपए।

गुमाश्ता : क्यों?

जग्गा : पच्चास रुपए फी आदमी, मरे या न मरे। हमने तो उसे मारने का जोखिम उठाया, आगे उसकी क़िस्मत।

गुमाश्ता : पच्चास रुपए ज्यादा हैं।

जग्गा : ज्यादा हैं? तुम्हें कौन-से अमीरज़ादे और लखपति मरवाने हैं, यही, मोची-नाई-मजदूर मरवाओगे। अगर यह मंजूर नहीं तो दिहाड़ी के हिसाब से मरवा लो।

गुमाश्ता : दिहाड़ी का क्या हिसाब होगा?

जग्गा : दिहाड़ी के हिसाब से, अढ़ाई सौ रुपए रोज़।

गुमाश्ता : दिहाड़ी के हिसाब से करें तो क्या मालूम दिन में एक भी आदमी नहीं मर पाये, दिन-भर कहीं बैठे सुलफा पीते रहो।

जग्गा : हराम की कमाई हम नहीं खाते बाबू, जुबान देंगे तो काम पूरा करेंगे। ··· तुम ठेके पर करवा लो, सिरियाँ गिनकर पैसे दे देना।

गुमाश्ता : कत्ल कैसे करोगे?

जग्गा : क्यों? बढ़िया विलायती छुरे से मारेंगे। घुमावदार फलवाला छुरा, एक ही मरोड़ दो और अंतड़ियाँ बाहर।

गुमाश्ता : तुम छुरा अन्दर ही रहने देते हो या बाहर निकाल लेते हो?

जग्गा : छुरे को अन्दर कैसे छोड़ देंगे, बाबू, इस तरह तो हर आदमी के लिए नया छुरा खरीदना पड़ेगा। आदमी पाँच रुपए का और छुरा पच्चास रुपए का।

गुमाश्ता : यह क़ौम का काम है, और तुम अपनी क़ौम के आदमी हो, वरना मुझे तो दूसरे भी मिल सकते हैं।

जग्गा : उनसे करवा लो··· और उस्तादजी, हमें दूसरी क़ौम की तरफ से भी बुलावा मिल चुका है। पर मैंने कहा, नहीं, पहले अपनी क़ौम की खिदमत करेंगे। हाँ, अगर आपके साथ सौदा पक्का नहीं हुआ, तो हमें तो आदमी ही कत्ल करना है, कहीं और कर लेंगे।

गुमाश्ता : तुम्हें चोखा काम मिलेगा, शायद आग लगाने का काम भी मिल जाए।

जग्गा : आग लगाने का काम हम नहीं करेंगे। हमसे आदमी मरवा लो, एक, दो, दस, जितने कहोगे, पार लगा देंगे, पर आग लगाने का काम कुत्ता काम है, यह हम नहीं करते।

गुमाश्ता : इसमें लूट-पाट भी तो शामिल होगी, वह सब तेरी।

जग्गा : न, यह हाथ काले करनेवाला काम है। तुम कहोगे झुग्गी-झोंपड़ी को आग लगा दो, वहाँ हमें क्या मिलेगा? मिट्टी के भाण्डे? किसी माड़ी को आग लगाओ, वहाँ से तो कुछ माल हाथ लगेगा, पर माड़ी के बाहर तो दस-दस चौकीदार होते हैं, लोहे के दरवाज़े और सींखचे और झबरैले कुत्ते · · · पर नहीं, आग लगानेवाला काम ही गन्दा है। पूछो, क्यों? हाथ काले करो, किरासीन के डिब्बे उठाये घूमते फिरो, चोरों की तरह छिप-छिपकर जाओ, बुज़दिलों की तरह वहाँ से भागते फिरो। यह भी कोई काम है? क़त्ल का काम शाही काम है। आदमी ऊपर चलता बने, हम घर को चलते बने। मामला मिनटों में खतम। · · · एक बात पूछूँ?

गुमाश्ता : क्या?

जग्गा : आपने हमीदे को भी बुला भेजा था?

गुमाश्ता : कौन कहता है? उसे तो मैं जानता भी नहीं। तुम्हें उसका ख्याल कैसे आया?

जग्गा : एक ही बात है। उससे करवा लो, या हमसे करवा लो। वह मेरा भागीदार है, हमारी एक-दूसरे के साथ सांझ है।

गुमाश्ता : सांझ है?

जग्गा : उससे भी बात करोगे तो रेट एक ही होगा। यह तो धन्धा है बाबू! तेरे सेठ की भाईवाली चौधरी खुदाबख्श के साथ है या नहीं? हमसे पूछ, तेरे सेठ ने माल की चालीस पेटियाँ खुदाबख्श के गोदाम में रखवायी हैं या नहीं?

गुमाश्ता : इसकी खबर तुम्हें कैसे मिल गयी?

जग्गा : हमसे क्या छिपा है, बाबू?

गुमाश्ता : उनका पुराना रख-रखाव है।

जग्गा : वही तो मैं भी कह रहा हूँ—व्यापार, व्यापार है; धर्म, धर्म है; दोस्ती, दोस्ती है।

गुमाश्ता : इस बात का ज़िक्र किसी से करने की ज़रूरत नहीं है।

जग्गा : किस बात का?

गुमाश्ता : कि सेठ ने अपनी चालीस पेटियाँ खुदाबख्श के गोदाम में रखवा दी हैं।

जग्गा : हमें क्या पड़ी है, तुम सौ पेटियाँ रखवाओ··· फिर क्या हुक्म है? आज सवेरे मैं डेरे से निकला तो हमीदा कहने लगा—जग्गे, काम हाथ में से नहीं जाने देना, हम थोड़ा खा लेंगे।

[गुमाश्ता कुछ सोच रहा है।]

: फिर क्या इरादे हैं? ये फैसले तो फौरन किये जाते हैं, इतनी देर में तो तीन बन्दे पार पहुँचा चुका होता।

गुमाश्ता : तेरा वक्त जाया हुआ है, तू यह ले। **(थैले में से शराब की बोतल निकालता है।)**

जग्गा : इसका क्या करूँ?

गुमाश्ता : क्यों? तू क़त्ल करने के बाद शराब नहीं पीता?

जग्गा : नहीं उस्तादजी, मैं तो दूध पीता हूँ। दूध पीकर सोओ तो नींद खूब जमकर आती है, शराब पीकर सोओ तो आदमी बड़बड़ाता है। जबसे सियासी क़त्ल करने लगा हूँ, शराब छोड़ दी है। मुँह में से कुछ अनाप-शनाप निकल जाये तो ख्वाह-म-ख्वाह लेने के देने पड़ जायें। मैं तो काम पर निकलता हूँ तो डेरे में कहकर आता हूँ कि लो भाई, दूध-जलेबियाँ गर्म करो, मैं आ रहा हूँ। एक गिलास दूध, साथ में रोटी का टुकड़ा, या दूध में आध पाव जलेबी, बड़ी मीठी नींद आती है, सब क़त्ल-वत्ल भूल जाता हूँ।

गुमाश्ता : तू तो बड़ा पारसा आदमी बन गया है।

जग्गा : नहीं, ऐसा तो नहीं, शराब का नशा भी करते हैं, पर खाली वक्त में, छुट्टी के दिन। **(शराब की बोतल रख लेता है)**

गुमाश्ता : तुम्हें पचास रुपये फी आदमी देंगे, हमें मंजूर है, काम सही होना चाहिए। साथ में एक और काम भी करना होगा।

जग्गा : वह क्या?

गुमाश्ता : काम यह है कि एक ज़मीन खाली करवानी है।

जग्गा : हो जायेगी। कौन-सी ज़मीन?

गुमाश्ता : बटन बनानेवाली फैक्टरी है ना? उसकी बगल में। पुल के पार।

जग्गा : वहाँ तो झुग्गी-झोंपड़ीवाले डेरा डाले हुए हैं।

गुमाश्ता : वही।

जग्गा : **(सोचते हुए)** यों तो बड़े काम में हाथ डालने में बरकत होती है, हमारा बाप कहा करता था। **(प्रकटतः)** क्या करना होगा?

गुमाश्ता : बस, उसे खाली करवाना है।

जग्गा : वह तो तुम खुद भी खाली करवा सकते हो।

गुमाश्ता : हम खाली करवा सकते तो तुमसे कहते ही क्यों?

जग्गा : हो जायेगा। करवा देंगे खाली, पर रुपए पाँच हज़ार होंगे।

गुमाश्ता : इतनी रकम?

जग्गा : बस्ती भी तो बड़ी है, पाँच-सात को मारेंगे, तभी बाकी लोग भागेंगे। मेरे और आदमी भी तो काम पर लगेंगे। उन्हें भी तो कुछ दूँगा··· सारी रकम पेशगी होगी। कर देंगे तुम्हारा काम, पर रकम पेशगी होगी।

गुमाश्ता : पहले ज़मीन खाली करवाओगे, फिर उसके इर्द-गिर्द काँटोंवाली तार लगवाओगे।

जग्गा : तार लगावानेवाला कुत्ता काम हम नहीं करते।

गुमाश्ता : चलो, वह हमारे आदमी कर देंगे। तुम ज़मीन खाली करवाओगे।

जग्गा : हो जायेगी।

गुमाश्ता : एक और काम भी करना होगा।

जग्गा : बोलो।

गुमाश्ता : तुम झुग्गी-झोंपड़ीवालों को फैक्टरी के अन्दर धकेल दो।

जग्गा : क्यों? उन्हें क्या वहाँ पर बंद करोगे?

गुमाश्ता : नहीं भाई, हम उन्हें रोज़गार देंगे।

जग्गा : तुम रोज़गार दोगे? अभी तो उन्हें अगले जहान पहुँचा रहे थे।

गुमाश्ता : तुम नहीं समझ पाओगे। तुम उन्हें फैक्टरी के अन्दर धकेल दो।

जग्गा : **(हँसकर)** जैसे बूचड़खाने में बकरियों को धकेलते हैं?··· क्यों? बाहर रहते हुए उन्हें रोज़गार नहीं दिया जा सकता? बाबू, तेरा काम मश्कूक जान पड़ता है, रुपए दस हज़ार होंगे।

गुमाश्ता : क्यों? तू समझता है तू ही यह काम कर सकता है? हम कोई और इन्तज़ाम कर लेंगे।

जग्गा : रुपए दस हज़ार होंगे। तू किसी दूसरे से क्या करवायेगा, हम अपने सभी साथियों को खबर कर देंगे, कोई तेरे नज़दीक नहीं आयेगा। तू समझता क्या है? हमें जानता है या नहीं! अच्छी तरह पहचान ले, सारी रकम रख जा मेरे पास। आज शाम से पहले पूरे दस हज़ार दुकान के मालिक के पास पहुँच जायें। उसके बाद अपना यह थोबड़ा मेरे सामने नहीं लाना। पैसा नहीं पहुँचा तो तेरा यह टेंटुआ दबा दूँगा। **(गुस्से से)** भाग यहाँ से। फुट! फैक्टरी की तरफ उनका मुँह मोड़ दो! हम मुँह मोड़नेवाले हैं क्या? हम तो मुँह तोड़नेवाले हैं··· सूअर का बच्चा!

[रोशनी बुझ जाती है।]

[पर्दा]

दृश्य : छह

[नागरिकों की मीटिंग। छोटेलाल, इधर-उधर खड़े लोगों से बैठ जाने का आग्रह करता है, ताकि मीटिंग की कार्रवाई शुरू की जा सके। मीटिंग में सेठ, उसका भाई छोटेलाल, बिशनदास, अमरीक सिंह, खुदाबख्श आदि शामिल हैं।]

छोटेलाल : दोस्तो, यह वक्त तकरीरें करने का नहीं है, शहर की फिज़ा बिगड़ रही है। दो, छोटे-मोटे हादसे हो चुके हैं। यह मीटिंग इसलिए बुलाई गई है कि इस खतरे को रोकने के लिए हर मुमकिन कोशिश की जाये। हम नहीं चाहते कि शहर में खून-खराबा हो।

बिशनदास : मैं इस मीटिंग की अध्यक्षता के लिए, शहर के बटन-बादशाह, सेठ दौलतरामजी का नाम तजवीज करता हूँ।

[एक आदमी उठकर—'मैं ताईद करता हूँ'। तालियाँ। सेठ दौलतराम टोपी और छड़ी सँभालते हुए कुर्सी पर आकर बैठ जाते हैं।]

दौलतराम : मैं आप सबका बहुत मश्कूर हूँ कि आपने मुझे अपना विश्वासपात्र समझकर अध्यक्षता के ऊँचे ओहदे पर बिठाया है। मैं आप सबका दास हूँ, मुझे जो हुक्म आप देंगे, मैं उसका सिर-आँखों से पालन करूँगा। मैं उन साथियों का भी मश्कूर हूँ, जिनमें साबुन फैक्टरी के मालिक बिशनदास जी, हमारे युवक समाज के साथी केशोराम जी, बाबू रामलभाया जी, बाबू रामगवाया जी, सरदार शेरसिंह जी, दिलेरसिंह जी, श्मशेरसिंह जी, जनाब खुदाबख्श साहिब, सरदार अमरीकसिंह जी, विलायतसिंह जी, जिनकी पहलकदमी पर यह मीटिंग बुलायी गयी है (**मुस्कुराता है**) अन्त में· · ·पर यह धन्यवाद मैं मीटिंग की समाप्ति पर बाबू रामगवाया जी को दूँगा, जिन्होंने अपने घर पर यह मीटिंग बुलायी है और अपनी जेब से चाय-पानी का इन्तज़ाम किया है।

[तालियाँ]

आवाज़ : **(तालियों की गड़गड़ाहट के दौरान)** मेरा नाम ही नहीं लिया गया।

बिशनदास : **(उठकर)** मेरा सुझाव है कि चाय-पानी का काम पहले निबटा लें। अभी कुछ साथी पहुँचे भी नहीं हैं, मीटिंग शुरू होने तक वे भी पहुँच जायेंगे।

छोटेलाल : चाय-पानी पर बैठ गये तो बहुत-सा वक्त निकल जायेगा। शहर में तनाव है। सब लोग अँधेरा पड़ने से पहले अपने-अपने घर पहुंच जाना चाहते हैं।

केशोदास : मीटिंग शुरू करो, चाय-पानी बाद में होता रहेगा।

दौलतराम : **(झुककर बिशनदास से)** कहो तो इस बारे में वोट ले लें?

बिशनदास : किस बारे में, कि पहले पियें या बाद में?

केशोराम : नहीं, इसकी बिल्कुल ज़रूरत नहीं।

छोटेलाल : **(उठकर गुस्से के साथ)** भाइयो, हम यहाँ चाय पीने नहीं आये हैं। शहर में किसी वक्त कुछ भी हो सकता है। हम एक क्षण भी जाया नहीं कर सकते।

बिशनदास : मैंने तो इसलिए कहा था कि चूँकि कुछ साथी अभी तक नहीं पहुँचे, हम उनका इन्तज़ार भी कर लेंगे और चाय-पानी से भी निबट लेंगे। एक पंथ, दो काज। इस तरह वक्त बच जायेगा। पर आप मालिक हैं, जैसा हुक्म देंगे वैसा ही कर लिया जायेगा।

दौलतराम : चलिए, यह कहते हैं तो चाय-पानी का प्रोग्राम ही पहले कर लेते हैं।

केशोराम : बिल्कुल नहीं। हम लोग चाय पीने बैठ गये तो और कोई काम नहीं हो पायेगा।

दौलतराम : मैं कुछ नहीं कहूँगा, मित्रो, यह तो मात्र एक सुझाव है। जो सज्जन इस प्रस्ताव का समर्थन करते हैं कि मीटिंग की कार्रवाई फौरन शुरू कर दी जाये, वे कृपया हाथ खड़े करें। **(बिशनदास से)** मीटिंग की कार्रवाई बाजाब्ता होनी चाहिए।

छोटेलाल : मैं हैरान हूँ, बाहर वारदातें होने लगी हैं, किसी वक्त कुछ भी हो सकता है, इधर नज़दीक ही एक घोड़े की लाश पायी गयी है। इधर हम हैं कि · · ·

आवाज़ : **(पर्दे के पीछे से)** पानी उबल-उबलकर ढेर हो रहा है, खत्म करो चाय-पानी के इस बखेड़े को। बाद में जो करना हो, करते रहना।

रामगवाया : **(हाथ जोड़कर)** जिस वक्त आपका मन आये, आप चाय पीजिए। माफ कीजिए, मेरी घरवाली के मुँह से बखेड़ा शब्द निकल गया। आप इसे बखेड़ा न समझें। **(रामगवाया घर के अन्दर चला जाता है)**

[भगतराम का प्रवेश।]

दौलतराम : आइए, बैठिए · · · क्या क़ैफीयत है?

भगतराम : कुशल-मंगल है आपकी दया से।

दौलतराम : नहीं, नहीं, मेरा मतलब था, शहर की क्या क़ैफीयत है?

भगतराम : बहुत-सी दुकानें बन्द हो गयी हैं, लोग अपने-अपने घरों को जा रहे हैं।

दौलतराम : **(मेज़ पर से कागज़ उठाकर)** साहिबान, मेरे पास दो सुझाव पहुँचे हैं, पहला तो यह कि हमारा एक प्रतिनिधि मण्डल अधिकारियों से जाकर मिले।

आवाज़ : **(कहीं से आवाज़ आती है)** अधिकारी चोर हैं।

[चुप्पी छा जाती है।]

दौलतराम : यह कौन बोला? **(गम्भीरता से)** इस तरह मीटिंग नहीं चल सकती। जिस किसी को कुछ कहना है, इजाज़त लेकर बोले और खड़ा होकर बोले।

बिशनदास : और बीच में न बोले।

दौलतराम : कहाँ न बोले?

बिशनदास : बीच में न बोले।

दौलतराम : ठीक है।

आवाज़ : अधिकारी चोर हैं।

दौलतराम : इस तरह मीटिंग नहीं चल सकती। **(हाथ में पर्चा झुलाते हुए)** यह एक सुझाव है, फैसला नहीं। अधिकारी चोर हैं या भले लोग हैं, हमें इससे कोई मतलब नहीं है। उन पर दबाव डालना हमारा फ़र्ज़ है, ताकि दंगे-फसाद को रोका जा सके।

आवाज़ : अधिकारी चोर हैं।

दौलतराम : **(गुस्से से)** कोई आदमी इस मीटिंग को भंग करना चाहता है, अगर हिम्मत है तो उठकर बोलो। मर्दों की तरह।

भगतराम : आपने फरमाया है कि अधिकारियों से मिलो। किस अधिकारी से मिलें? अधिकारी कमिश्नर भी हो सकता है, अधिकारी कान्स्टेबुल भी हो सकता है, अधिकारी चपरासी भी हो सकता है।

दौलतराम : कान्स्टेबुल अधिकारी नहीं, चपरासी भी अधिकारी नहीं, वे सरकारी मुलाजिम हैं।

भगतराम : सभी सरकारी मुलाजिम हैं। डिप्टी कमिश्नर भी, चपरासी भी, कान्स्टेबुल भी।

दौलतराम : इस तरह हम किसी फैसले पर नहीं पहुँच पायेंगे।

बिशनदास : देखो जी · ·

दौलतराम : आप चुप रहिए। जब अध्यक्ष बोल रहा है तो उसे अपनी बात कह

लेने दीजिए।

बिशनदास : आप मीटिंग को कन्ट्रोल करना नहीं जानते।

दौलतराम : अगर मैं कन्ट्रोल करना नहीं जानता तो किसी दूसरे आदमी को अध्यक्ष बना दें। (**मेज पर से अपनी टोपी उठाकर सिर पर रखता है और छड़ी उठाकर बाहर जाने लगता है**) यह सदारती कुर्सी की तौहीन है!

[एक आदमी आगे बढ़कर अध्यक्ष को रोक लेता है, उसे बाँहों में भर लेता है, उसे वापिस मेज के पास ले आता है, उसके सिर पर से टोपी उतारकर मेज के ऊपर रख देता है, उसकी छड़ी उसकी बगल में से लेकर, कुर्सी की पीठ पर टाँग देता है।]

केशोराम : अधिकारियों के पास जाने की कोई ज़रूरत नहीं। हमें चाहिए कि शहर के अन्दर एक ज़बरदस्त प्रदर्शन करें, शानदार जुलूस निकालें, सभी धर्मों, जातियों के लोग उसमें शामिल हों।

बिशनदास : (**तुनककर**) पहले सुझाव पर तो अभी निर्णय नहीं लिया गया, उधर दूसरा सुझाव पेश किया जा रहा है।

दौलतराम : मेरा अनुरोध है कि बारी-बारी से सुझावों पर विचार किया जाये, पहला सुझाव है कि एक डेलिगेशन अधिकारियों से जाकर मिले।

आवाज़ : अधिकारी चोर हैं।

[ठहाका।]

[दौलतराम खून-आलूदा नज़रों से दाएँ-बाएँ देखता है। उसका हाथ फिर से अपनी टोपी की ओर जाता है, पर वह अपना हाथ खींच लेता है और और क्रोध-भरी आँखों से सामने की ओर देखने लगता है।]

केशोराम : मैं गुजारिश करूँगा कि वक्त की नज़ाकत को समझा जाये। शहर के लोगों की नज़रें हम पर लगी हैं।

आवाज़ : (**ऊँचे स्वर में**) खामोश!

[कुछ लोग हँसने लगते हैं।]

दौलतराम : (**कागज़ को हाथ में झुलाते हुए**) जो लोग इस सुझाव का समर्थन करते हैं···

आवाज़ : किस सुझाव का?

दौलतराम : पहले सुझाव का। अधिकारियों से मिलनेवाले सुझाव का।

केशोराम : अधिकारियों से मिलने की कोई ज़रूरत नहीं। मैं कहूँगा, केवल प्रदर्शन करो, जलसा करो।

दौलतराम : **(ऊँची आवाज़ में)** हमारे सामने दो सुझाव हैं। एक—अधिकारियों से मिलें, दूसरा—अमन का जुलूस निकालें। जो सज्जन पहले सुझाव का समर्थन करते हैं, हाथ खड़े करें। **(दौलतराम गिनता है)** ग्यारह हैं।

बिशनदास : तेरह हैं !

दौलतराम : ग्यारह हैं !

बिशनदास : फिर से गिनिए।

[अबकी बार दो और हाथ उठ खड़े होते हैं।]

दौलतराम : पन्द्रह हैं। **(गुस्से से)** कुछ लोग इस मीटिंग को भंग करना चाहते हैं। पहले ग्यारह, फिर पन्द्रह। फिर से हाथ खड़े कीजिए **(गिनता है)** अब तेरह !

भगतराम : अमरीकसिंह ने पहली बार हाथ खड़ा किया था, अबकी बार नहीं किया।

दौलतराम : क्यों, अमरीकसिंह जी, आपने हाथ क्यों नहीं उठाया ?

अमरीकसिंह : पहले मेरा विचार था कि हमें जाना चाहिए, मिलने में कोई नुकसान नहीं, पर अब मैं सोचता हूँ कि मिलने की कोई ज़रूरत नहीं, हमें नहीं जाना चाहिए।

छोटेलाल : मैं हैरान हूँ, इसमें झगड़े की क्या बात है। मुझे इन दोनों सुझावों में कोई टकराव नज़र नहीं आता। हम अधिकारियों से भी मिल सकते हैं और जलसा-जुलूस भी निकाल सकते हैं।

दौलतराम : **(परेशान होकर, ऊँची आवाज़ में)** तो फिर आप चाहते क्या हैं ? मैं सारा दिन हाथ गिनता रहूँ ?

भगतराम : छोटेलाल का कहना ठीक है, अधिकारियों से भी मिलो और जलसा भी करो। वोट लेने की कोई ज़रूरत नहीं।

छोटेलाल : मेरा सुझाव है कि इस प्रतिनिधिमंडल में सात आदमी रखे जायें। उनका चुनाव अभी कर लिया जाय।

भगतराम : सात नहीं, नौ आदमी ले जाओ। प्रतिनिधिमंडल अच्छा बड़ा होना चाहिए।

बिशनदास : मैं सोचता हूँ, सात का प्रतिनिधिमंडल ठीक रहेगा।

भगतराम : सात नहीं, नौ। वोट ले लें।

अमरीकसिंह : भाइयो, आप अधिकारियों से ज़रूर मिलिए। पिछले दंगों से पहले भी हम लोग पुलिस कमिश्नर से मिलने गये थे। पर एक बात का फैसला आज ही हो जाना चाहिए कि प्रतिनिधिमंडल का नेता कौन होगा।

बिशनदास : इसकी क्या ज़रूरत है ? सभी प्रतिनिधिमंडल के सदस्य होंगे।

अमरीकसिंह : पर यह बात तय हो जानी चाहिए कि अधिकारियों के साथ पहले कौन बात करेगा। पिछले दंगों के समय मुझे प्रतिनिधिमंडल का नेता चुना

गया था, पर जब कमिश्नर से मिलने का वक्त आया तब एक सज्जन, जो इस समय यहाँ मौजूद हैं, पर मैं उनका नाम नहीं लूँगा, मुझे अड़ेका मारकर आगे बढ़ गये और कमिश्नर साहिब से जा हाथ मिलाया। इस तरह की कार्रवाई अबकी बार नहीं होनी चाहिए। जो आदमी प्रतिनिधिमंडल का नेता हो, वही बोले।

आवाज़ : कौन था वह?

बिशनदास : **(खीझकर)** कोई भी था। काला चोर था। पहले प्रतिनिधिमंडल के सदस्य तो चुने जायें, बाद में लीडर का चुनाव भी कर लेना।

भगतराम : अध्यक्ष महोदय पर छोड़ दिया जाये, वह अपने साथी चुन लेवें। उनका चुनाव करने में वक्त जाया नहीं करो।

अमरीकसिंह : क्या मैं समझूँ कि प्रधानजी प्रतिनिधिमंडल के लीडर अपने आप ही चुन लिये गये हैं?

दौलतराम : **(गुस्से में)** मैं लीडर नहीं चुना गया। सरदार अमरीकसिंह मेरा अपमान करने पर तुले हुए हैं। मैंने किसी को अड़ेका नहीं मारा था, मेरा पैर उनके पैर में अड़ गया था।

अमरीकसिंह : मैंने किसी का नाम नहीं लिया।

दौलतराम : पर उनका इशारा साफ मेरी तरफ था। मैं प्रतिनिधिमंडल का न सदस्य, न लीडर। आपको जो मन आये, कीजिए।

[फिर से टोपी उठाकर सिर पर रख लेता है, और छड़ी उठाकर चल देता है। बिशनदास फिर से दौड़कर, उसे दरवाज़े के पास से पकड़कर लौटा लाता है, और पहले की ही भाँति मिन्नत-समाजत करके उसे मना लेता है, और उसके सिर पर से टोपी उतारकर मेज़ पर रखता है, उसकी ठुड्डी पर हाथ रखकर उसकी चिरौरी करता है और फिर कुर्सी पर बिठा देता है।]

: फैसला करो, यार, जो फैसला करना है।

केशोराम : मेरा एक सुझाव है...

बिशनदास : रुको, रुको, पहले सुझाव अभी खत्म नहीं हुए, इधर यह नया सुझाव आ गया है।

केशोराम : सब साथी कुर्सियों पर से उठ जायें। खाली कुर्सियों को आमने-सामने दो पाँतों में रख दिया जाये। एक ओर समर्थन में वोट देनेवाले बैठें, दूसरी ओर विरोध में वोट देनेवाले...

दौलतराम : यह सर्कस है या मीटिंग हो रही है।

केशोराम : यह सर्कस नहीं है, प्रधानजी, असेम्बलियों में ऐसे ही होता है,

पक्ष-विपक्ष· · ·

बिशनदास : क्या तमाशा है, यार! **(हाथ उठाकर)** मैं तजवीज करता हूँ कि प्रधानजी को लीडर चुना जाये।

भगतराम : मैं इनका समर्थन करता हूँ।

केशोराम : मेरा सुझाव है कि सरदार अमरीकसिंह को प्रतिनिधिमंडल का नेता चुना जाये। पिछले दंगों के समय भी यह लीडर चुने गये थे। हर दंगे के वक्त यह मौजूद रहे हैं। बल्कि· · ·मेरा सुझाव है कि इन्हें स्थायी नेता चुन लिया जाये। भविष्य में भी दंगे होंगे।

बिशनदास : यह चुनाव नहीं, धोखाधड़ी है। लीडर का चुनाव हो चुका है।

[पर्दे के पीछे से जोर की आवाज़ आती है, धमाका-सा, जैसे कोई चीज़ टूटी हो। लोग उठ खड़े होते हैं। कुछ लोग तो अपने जूते पहनकर बाहर की ओर दौड़ते हैं।]

रामगवाया : कुछ नहीं हुआ, कुछ नहीं हुआ। घबराने की कोई बात नहीं। चायदानी टूटी है। सब खैरियत है। बैठिए, चाय पीजिए। चुनाव बाद में कर लेना।

[कुछ लोग वापिस आ जाते हैं। पर्दे के पीछे से घर के लड़के-लड़कियाँ चाय का सामान लेकर आते हैं।]

[पर्दा]

दृश्य : सात

[झुग्गी-झोंपड़ीवालों की बस्ती। झुग्गियों के बाहर, मैदान में, चौधरी, जीवन, दीनू, दो-एक बुजुर्ग, रामू, देशराज आदि बैठे बतिया रहे हैं।]

चौधरी : अब उठाओ यहाँ से अपना बिस्तर-बोरिया और सिर छिपाने के लिए कोई और जगह ढूँढो। अब यहाँ तुम्हें कोई नहीं रहने देगा।

जीवन : कल रात तो सलामती से गुजरी, शहर में दंगा नहीं हुआ।

चौधरी : दूर कहीं कुछ हुआ हो तो हुआ हो, यहाँ तो कुत्ते ही भौंकते रहे। (**दीनू से**) उठ छोरे, जा, चाय की चैनक ले आ। पाँच-छः कप चाय। जा, शाबाश! ज्यादा पैसे माँगे तो मेरा नाम लेना।

जीवन : जायें भी तो कहाँ जायें···? किधर है वह सुथरा, हरामी, हमें सारा वक्त कहता रहा, इधर ही बैठे रहो, कुछ नहीं होगा। हमें सब्ज़-बाग दिखात रहा।

[सुथरे का प्रवेश। दरवेशी पोशाक, कुछ-कुछ निहंगों की पोशाक-जैसी, मस्त-मौला, सारे शहर के चक्कर काटता है, चुभती बातें कहता है।]

सुथरा : संगत सुबह सवेरे ही जम गयी।

चौधरी : आओ सुथरे, बहुत दिनों बाद सूरत दिखायी है।

सुथरा : शहर में गड़बड़ है। मैंने सोचा, दोस्तों का हाल-चाल पूछ आयें।

जीवन : हाल-चाल पूछने आये हो? हमें बताओ कि सिर छिपाने के लिए हम जायें तो कहाँ जायें।

सुथरा : अब कहाँ जाओगे? बैठे रहो जहाँ बैठे हो।

चौधरी : पहले तो तुम कहते थे, यहाँ बहुत खतरा है।

सुथरा : वह तो मैं अब भी कहता हूँ—बड़ा खतरा है। पर इस वक्त जाओगे भी तो कहाँ जाओगे?

जीवन : हमारे सामने बुझारतें नहीं डाला करो, सुथरे! कभी-कभी मुझे लगता

है कि तू **जो शहर के चक्कर काटता फिरता है** तो जरूर किसी की मुखबरी करता होगा।

सुथरा : हाँ, तो करता हूँ मुखबरी।

जीवन : किसकी मुखबरी करते हो? सच-सच बताना, नहीं तो तेरी गर्दन नाली में घुसेड़ दूँगा।

सुथरा : **(हँसता है)** गर्दन तो, मान लिया पकड़ लोगे, पर नाली कहाँ से लाओगे? तेरी बस्ती में नालियाँ हैं कहाँ?

चौधरी : क्या क़ैफीयत है शहर की, आ, बैठ जा।

[दीनू लँगड़ाता हुआ, चाय की चैनक और प्याले लेकर आता है।]

सुथरा : **(घाघरा फैलाकर बैठ जाता है, दीनू की ओर देखकर)** ओ दीनू! तेरा पाँव अभी तक ठीक नहीं हुआ? पिछले दंगों में तू जख़्मी हुआ था ना। पिछले दंगों का जख़्म अभी तक नहीं भरा है?

दीनू : जब दंगा हुआ तो मैं पिछली गली में था। मैं भागने लगा। मैंने सोचा, जल्दी से जल्दी अपने घर पहुँचूँ, पर पीछे से किसी ने मुझ पर नेजा फेंका, वह मेरे पैर पर जा लगा।

सुथरा : रिक्शा कैसे चला पाते हो?

दीनू : नहीं चला पाता। बहुत दर्द होता है।

सुथरा : तुम अस्पताल गये थे?

दीनू : अस्पताल किसलिए जाता?

सुथरा : कैसा जाहिल है तू? दंगों के दौरान कोई जख़्मी हो तो उसका मुफ्त इलाज किया जाता है। यह नयी स्कीम बनी है। आगे-पीछे कभी जख़्मी होने पर मुफ्त इलाज नहीं होता। दुनिया की खबर-अखबार रखा करो।

दीनू : पर यह जख़्म तो पिछले दंगे का है।

सुथरा : दंगा पिछला क्या और नया क्या? और पिछला दंगा भी कहाँ अभी तक खत्म हो पाया है।

दीनू : वहाँ खाना मुफ्त में मिलता है?

सुथरा : हाँ, रोटी मुफ्त मिलती है, अस्पताल में मजे ही मजे हैं। खूबसूरत लड़कियाँ तेरी मरहम-पट्टी करेंगी, सफेद लबादे पहने गोरी-गोरी नर्सें, सिर पर सफेद टोपी।

दीनू : हमें अब भिजवा दो!

सुथरा : तुम पिछले दंगे में जख़्मी हुए थे। अब दंगा फिर होने जा रहा है। फौरन पहुँच जाना। खबर रखा करो, आजकल बड़ी नयी-नयी स्कीमें बन रही हैं।

दीनू : हमें तो कुछ भी मालूम नहीं।

सुथरा : पिछले फिसादों से और किसको चोटें आयी थीं?

दीनू : तेजा और मंगलू जख्मी हुए थे।

चौधरी : **(उन्हें बुलाता है)** ओ तेजे! ओ मंगलू! इधर आओ!

सुथरा : आगे के लिए अच्छी तरह समझ लो। जब भी दंगा होगा, जख़्मियों का मुफ्त इलाज किया जायेगा।

[तेजा और मंगलू का प्रवेश। दोनों बड़े कुरूप और मरियल-से व्यक्ति हैं।]

: वाह-वाह! तेरी जालिम जवानी तो जोश पर आयी हुई है! क्या रूप पाया है! देखकर चित्त प्रसन्न हो गया!

जीवन : पिछले दंगों में चोट तो मुझे भी आयी थी।

सुथरा : हर दंगे का रजिस्टर अलग खुलता है। अब आगे की सोचो।

[कुछ देर तक सभी चाय की चुस्कियाँ लेते रहते हैं।]

: पर अब भी जब दंगा भड़क उठे तो तुम सीधे अस्पताल पहुँच जाना, कहना, अब चोट लगी है। दंगों के दौरान अगर गहरी चोटें लगी हों तो मुआवज़ा भी मिलता है, और अगर आदमी मर जाये तो उसके घरवालों को दस हज़ार रुपए मिलते हैं।

मंगलू : यह हमें पहले क्यों नहीं बताया?

चौधरी : कितने रुपए?

सुथरा : दस हज़ार! पर चण्डीगढ़ में मरो तो पन्द्रह हज़ार मिलता है, दिल्ली में मरो तो दस हज़ार!

दीनू : और जख्मी होने पर?

सुथरा : अगर दिल्ली में जख्मी होओ तो अढाई सौ रुपए।

दीनू : किसी और जगह जख्मी होने पर?

सुथरा : तब चार सौ रुपए।

दीनू : फिर किसी अच्छी जगह क्यों न जाकर जख़्मी हुआ जाये। दंगे तो जगह-जगह हो रहे हैं।

मंगलू : सरकार को चाहिए कि मुआवज़ा एक जैसा दे, भले ही कोई दिल्ली में मरे या चण्डीगढ़ में। यह तरफदारी नहीं होनी चाहिए।

जीवन : **(मंगलू से)** मंगलू, अगर तू मर जाये तो क्या बुरा है। तेरे घरवालों को कुछ पैसे मिल जायेंगे।

सुथरा : कुछ मुद्दत पहले एक जगह दंगा हुआ। हीरा रंगसाज मारा गया। उसकी घरवाली को दस हज़ार रुपए मिल गये। अब चाय-पानी की दुकान करती है, दूसरा खसम करने की सोच रही है।

चौधरी : वाह, वाह !

सुथरा : हीरे का ब्याह कुछ ही मुद्दत पहले हुआ था, और हीरा निखट्टू, न काम, न काज।

चौधरी : वह मरा तो लड़की का भविक्ख बना गया। यह भी क़िस्मत का खेल है।

सुथरा : इसी तरह किशनगढ़ में बलवन्ता मारा गया, उसकी घरवाली को भी दस हज़ार मिले, उस रकम के साथ उसने दो कमरे बनवा लिये, एक में खुद रहती है, दूसरा किराये पर चढ़ा दिया है।

जीवन : लो भाई मंगलू, अगले दंगे को हाथ से नहीं जाने देना।

सुथरा : अब तो यह उसूल बन गया है कि अगर मौत आ रही है तो उसे आने से मत रोको, उसके आने में ही भलाई है, अगर नहीं भी आ रही है तो उसे बुला लो।

जीवन : वाह, वाह !

सुथरा : कुछ दिन पहले एक दंगे में एक औरत का घरवाला जख़्मी हो गया। वह चिल्ला रही थी, 'बचाओ, इसे बचाओ !' मैंने कहा, 'ओ भली लोक, तू आगे की सोच। इसे चलता कर, कुछ तो जमाने से सीखो। अगर यह बच गया तो नुकसान तो तेरा ही है।'

दीनू : क्या अब पिछले दंगे का मुआवज़ा नहीं मिल सकता ?

सुथरा : नहीं। आदमी मारा जाये, उसकी गर्म-गर्म लाश हाकिमों के पास लेकर जाओ, पैसे झट से वसूल कर लो। मुख बात यह है, लाश आपके पास होनी चाहिए।

चौधरी : **(विद्वानों की तरह)** पिछले दंगों की लाशें तो ठण्डी पड़ चुकी हैं, गल-सड़ गयी होंगी, अब सबूत तो कोई न रहा।

सुथरा : अब आगे की सोचो। जहाँ ताज़े कत्ल रोज़ होते हों, वहाँ पुरानी हत्याओं को कौन पूछता है। आगे की सोचो !

चौधरी : सुथरा ठीक कहता है। यह भी नयी स्कीम है।

दीनू : पर अगर मुआवज़ा वक्त पर नहीं मिले, तो ? सरकारी काम में देर-सवेर भी तो हो सकती है।

जीवन : मैं तो कहूँगा, मुआवज़ा का महकमा ही अलग होना चाहिए। तब देर होगी ही नहीं। इधर क़त्ल हो, उधर पैसे मिल जायें।

दीनू : देर हो ही क्यों ?

चौधरी : **(विद्वानों की तरह)** सरकार इसलिए भी मुआवज़ा देने में देर करती होगी कि मुआवज़ा लेनेवाला व्यस्त रहे, रोज़ कचहरियों के चक्कर काटे, दरख्वास्तें दे, खाली नहीं बैठे। सरकार को हर बात की फिक्र

रहती है।

जीवन : मैं तो कहूँगा, पुलिस का महकमा बन्द करा दो, और मुआवज़े का महकमा खोल दो।

चौधरी : पुलिस का महकमा क्यों बन्द कर दें?

जीवन : पुलिस किसी को क़त्ल होने से बचा तो सकती नहीं, जिसे क़त्ल होना है वह तो होगा ही, फिर दो-दो महकमे चलाने में क्या तुक है?

चौधरी : बात तो जीवन ठीक कहता है।

जीवन : पुलिस का महकमा तो सजावटी महकमा है। ये लोग तो सुबह-शाम अपने बूट और पेटियाँ ही चमकाते रहते हैं। इनके लिए वर्दियाँ सिलवाओ, इन्हें जीपें दो, किसलिए? यह सारा पैसा मरनेवालों की घरवालियों को क्यों न दो?

सुथरा : कहता तो ठीक है। अगर पुलिस का महकमा बन्द कर दिया जाये तो मुआवज़े की रकम बढ़ाई जा सकती है। मरनेवालों की संख्या भी बढ़ सकती है। **(हँसकर)** इधर धड़ाधड़ लाशें गिरेंगी, उधर छनछन पैसे आयेंगे, वाह, वाह! अब मौका अच्छा है. इस मौके से लाभ उठा लो, दंगा हुआ कि हुआ।

जीवन : हमारी बस्ती में ये तीन सूरमा हैं—दीनू, मंगलू और तेजा। तीनों बेरोजगार, न जीते न मरे हुए। इन्हें तो अगले जहान चलता करो। अगर यहाँ पर न मारे जायें तो चण्डीगढ़ भेज दो। इनके घरवाले सुखी हो जायेंगे। मंगलू की घरवाली बेवा हो जायेगी, उसका ब्याह बाद में कहीं करवा देंगे।

रामू : **(हाथ उठाकर)** मंगलू की बेवा से मैं ब्याह करूँगा।

सुथरा : लो, यह पहले से तैयार बैठा है। मंगलू को मर तो जाने दे!

देसराज : मैं भी तैयार हूँ।

[हँसी]

सुथरा : देखा, मंगलू! मरने के बाद तुम्हें किसी बात की चिन्ता नहीं होनी चाहिए। तेरा घर-परिवार सब ठिकाने लग जायेंगे।

जीवन : दीनू, तू भी तैयार हो जा। तेरे पाँव पर पुराना जख़्म है। रिक्शा अब तू चला नहीं पाता। ऐसे शरीर के साथ तू यों भी ज्यादा दिन नहीं काट पायेगा। तू भी चलाणा कर जा। इस वक्त तो तेरी कमाई से न तेरा पेट भरता है न तेरे माँ-बाप का।

चौधरी : दीनू का तो ब्याह भी नहीं हुआ, उसके तो न बीवी न बच्चा। सिर्फ बूढ़े माँ-बाप हैं।

जीवन : यह बाद में सोचेंगे। **(दीनू से)** तुम रिक्शा चला-चलाकर अपनी टाँगें

तोड़ रहे हो। हर दूसरे दिन तुम्हें ताप चढ़ जाता है और तेरे घर में चूल्हा ही नहीं जलता। तू चलाणा कर जा। तेरा भी भला, तेरे घरवालों का भी भला।

दीनू : **(जो अभी तक चुपचाप सुनता रहा है)** मैं नहीं मरूँगा।

जीवन : कैसा बुजदिल आदमी है। यह रिक्शे का पैडल मारता हुआ ही मरेगा। **(दीनू से)** कुछ सोचा-समझा करो। मर जायेगा तो तेरी रोज़ की चिख-चिख खत्म हो जायेगी।

चौधरी : यह काम वही आदमी कर सकता है जिसे अपने घरवालों की चिन्ता हो, जिसे अपनी जिम्मेदारी का अहसास हो।

दीनू : एक शर्त पर मैं मर सकता हूँ।

चौधरी : बोल।

दीनू : पहले मेरा ब्याह करवा दो।

[हँसी]

सुथरा : वाह, अब बोला।

जीवन : अरे, दंगा अभी हुआ कि हुआ, ऐसे वक्त में तू ब्याह क्यों करना चाहता है?

सुथरा : नहीं, नहीं, इसका ब्याह करवा दो, कोई हर्ज़ नहीं। दंगा कौन-सा जल्दी खत्म हो जायेगा, कुछ दिन यह ब्याह का मजा ले ले।

बुजुर्ग-1 : अगर इसे मर जाना है तो बेशक मेरी बेटी के साथ कर दो। ···मेरा बोझ भी हल्का हो···

[सब हैरान हो जाते हैं।]

सुथरा : दीनू, देख तेरा काम बन रहा है। **(बुजुर्ग से)** बाबा, तुम अपनी घरवाली से तो पूछ लो।

बुजुर्ग-1 : उससे पूछने की कोई जरूरत नहीं। औरतों को बता दो तो कोई काम पूरा नहीं होता।

सुथरा : तेरी बेटी विधवा हो जायेगी।

जीवन : पर इसे पैसे तो मिलेंगे, मुआवज़ा तो मिलेगा।

[एक दूसरा बुजुर्ग अपनी बेटी को हाथ से पकड़कर ले आता है।]

बुजुर्ग-2 : लो जी, अभी लावाँ-फेरे कर दो। पर पहले यह बात पक्की हो जाये कि दीनू मरेगा।

सुथरा : लो; दो बीवियाँ, **(हँसकर)** दोनों के साथ कर दो। बाद में दोनों आपस में आधा-आधा मुआवज़ा बाँट लेंगी।

[एक और आदमी अपनी बेटी को पकड़ लाता है। उसके पीछे एक और बुजुर्ग अपनी बेटी को ला रहा है।]

: देख दीनू, जीते जी तुम्हें किसी ने पूछा तक नहीं, अब मौत के नाके पर बहारें ही बहारें! मजे ही मजे!

जीवन : बाद में पैसे कौन वसूल करेगा?

सुथरा : वह भी हो जायेगा। पहले इसे मरने तो दो।

दीनू : नहीं, पहले मेरा ब्याह करवाओ। ··· मैं शांति के साथ ब्याह करूँगा।

[लोग हैरान होते हैं, फिर हँसने लगते हैं।]

चौधरी : इसने पहले से ही चुन रखी है। अबे, कहाँ नज़रें लड़ा रहे हो? ··· कहाँ है शांति का बाप?

बुजुर्ग-3 : मैं तैयार हूँ, पर बाद में अगर यह न मरा तो मेरी बेटी एक लँगड़े के साथ बँधी रहेगी।

जीवन : मरेगा क्यों नहीं। इसे मारने का इन्तज़ाम हम कर देंगे। यह बड़े पुण्य का काम होगा।

बुजुर्ग : अगर दीनू को कोई छुरा मारे पर वह मरे नहीं, तो उस सूरत में क्या होगा। दस हज़ार की जगह कुल अढाई सौ रुपए हाथ लगेंगे।

सुथरा : अरे जख़्मी आदमी को मारना कौन-सा मुश्किल काम है, बाकी काम हम खुद पूरा कर देंगे।

बुजुर्ग-3 : पर क्या सरकार मानेगी? तुम्हारे हाथ से मरे आदमी का मुआवज़ा देगी? सब बात पहले ही साफ हो जानी चाहिए।

चौधरी : किसी आतंकवादी के हाथ से मरवा दो। आतंकियों का काम ज्यादा सुथरा होता है, उनका निशाना भी अचूक बैठता है। उसमें कोई झंझट नहीं होगा और मुआवज़ा इससे भी ज्यादा मिलेगा।

जीवन : पर आतंकिये दीनू को ही क्यों मारेंगे? दीनू क्या उनकी मौसी का बेटा है कि उन्हें इसे जरूर मारना है?

चौधरी : (तुनककर) क्या और लोग जिन्हें वे मारते हैं, उनकी मौसी के बेटे होते हैं? फिजूल की बात!

जीवन : बस, मारने का काम जल्दी हो और दिन के वक्त हो।

चौधरी : दिन के वक्त क्यों?

जीवन : दिन के वक्त होगा तो पुलिस मौके पर पहुँच जायेगी।

सुथरा : इन कामों में वक्त की पाबंदी नहीं हो सकती। मारनेवाला अपने वक्त पर मारेगा, और पुलिस अपने वक्त पर पहुँचेगी।

दीनू : ओ, पहले मेरी शादी तो करवा दो!

सुथरा : करवाओ यार, इसकी शादी। यह बड़ा बेताब हो रहा है। बुलाओ पण्डित! खत्म करो यह बखेड़ा भी!

[विवाह की तैयारी। दीनू को एक ओर चौकी पर बैठाया जाता है, गले में पीले रंग की रूमाली डाली जाती है, हार पहनाये जाते हैं, माथे पर टीका—जैसे बलि के बकरे को सजाया-सँवारा जाता है। दूसरी ओर से शांति का बाप, शांति को लेकर आता है।]

शांति : मैं ब्याह नहीं करूँगी।

बुज़ुर्ग-3 : यह सच्चा ब्याह थोड़े ही है। यह तो झूठ-मूठ का ब्याह है।

शांति : क्यों?

बुज़ुर्ग-3 : सरकार से पैसे वसूल कर पाने के लिए। पैसे मिल जायेंगे तो तेरा ब्याह किसी अच्छी जगह पर कर देंगे।

शांति : अगर वह भी मारा गया तो?

बुज़ुर्ग-3 : तो वहाँ से भी पैसे लेकर उससे भी अच्छी जगह पर कर देंगे।

शांति : तो क्या मैं तीन-तीन बार विधवा होऊँगी?

बुज़ुर्ग-3 : नहीं पगली, तू तीन बार सुहागन होगी और तीस हज़ार अलग।

शांति : कहाँ पर है वह?

बुज़ुर्ग-3 : वह कौन?

शांति : जिसके साथ मेरा ब्याह रचाओगे?

बुज़ुर्ग-3 : लड़कियाँ ऐसे सवाल नहीं पूछतीं। यह बेशर्मी होती है।

शांति : वह कब मरेगा?

बुज़ुर्ग-3 : जल्दी मरेगा। सुथरा कहता है, दंगा शुरू होने पर ही मारा जायेगा। इधर ब्याह, उधर चलाणा, उधर पैसा।

शांति : अगर मारनेवाले मुझे भी मार गये तो?

बुज़ुर्ग-3 : तुम्हें क्यों मारेंगे?

शांति : क्यों? दंगों में औरतें और बच्चे भी तो मरते हैं।

बुज़ुर्ग-3 : बात तो तू ठीक कहती है **(कुछ सोचकर)** हम, ब्याह की रस्म करके तुम्हें घर पर ही रखेंगे?

शांति : और वह पीछे से मारा जायेगा?

बुज़ुर्ग-3 : और क्या!

शांति : उसका नाम क्या है?

बुज़ुर्ग-3 : किसका?

शांति : जिसके साथ मेरा ब्याह कराओगे।

बुज़ुर्ग-3 : लड़कियाँ अपने घरवाले का नाम नहीं लेतीं।

शांति : फिर भी ?

बुज़ुर्ग-3 : दीनू, दीनू रिक्शावाला।

शांति : उसे तो मैं जानती हूँ। उसके तो पाँव पर जख्म है। · · जख्मी आदमी को मरवाओगे ?

बुज़ुर्ग-3 : और क्या ? इससे क्या फर्क पड़ता है।

शांति : वह तो चल भी नहीं सकता। पहले ठीक तो हो जाये।

बुज़ुर्ग-3 : तू हर बात उल्टी करती है। पहले उसे तन्दरुस्त करें, फिर उसे मरवाएँ, इसमें क्या तुक है। भगवान के पास पहुँचकर, सब अपने आप तन्दरुस्त हो जाते हैं। चल।

[शांति को विवाहवाली जगह पर ले आता है। खुद ही उसका घूँघट भी करवा देता है। शांति खूबसूरत लड़की है। ढोलक बजने लगती है, दीनू उठ खड़ा होता है। पण्डित पहुँच जाता है। तीन-चार बूढ़ी औरतें गाना गाने लगती हैं।]

[गीत]

[गोली चलने की आवाज़। सब चुप हो जाते हैं।]

जीवन : कहीं पर गोली चली है।

सुथरा : नहीं-नहीं, पटाखा चला है।

जीवन : सुथरे, तुम्हें तो बंदूक की गोली भी पटाखा जान पड़ती है।

चौधरी : वहाँ पर भी किसी का ब्याह हो रहा होगा, इसी मतलब के लिए !

जीवन : पटाखा नहीं, साफ गोली चली है।

चौधरी : आज कोई तीज-त्यौहार का दिन तो नहीं।

जीवन : इससे क्या फर्क पड़ता है। त्यौहारों पर भी गोली चलती है और दंगों में भी गोली चलती है।

सुथरा : जल्दी करो, जल्दी !

[फिर से गोली चलने की आवाज़।]

जीवन : फिर गोली चली है।

चौधरी : किसी ने हवा में चलायी है। देखना चाहता होगा कि बन्दूक चलती है या नहीं।

सुथरा : **(ऊँची आवाज़ में)** चलती है, चलती है। सबकी बन्दूकें सलामत रहें। सबकी बन्दूकें चलती रहें !

चौधरी : **(जीवन से)** उससे कहो कि एक बार इधर भी निशाना मारकर देख ले।

सुथरा : जल्दी करो ! जल्दी करो !

[ढोलक फिर से बजने लगती है। बूढ़ी औरतें फिर से गाने लगती हैं, विवाह की रस्म पूरी हो जाती है।]

: लो भाई दीनू, अब तैयार हो जाओ!

दीनू : **(जो ब्याह की रस्म के बाद, शांति के साथ सटकर खड़ा है)** मैं नहीं मरूँगा! मुझे नहीं मरना है!

चौधरी : अरे! क्या कहा?

दीनू : मैं नहीं मरूँगा। **(शांति के साथ और ज्यादा सटकर खड़ा हो जाता है)** मैं अगले दंगों में मरूँगा।

बुजुर्ग-3 : लो, सुनो इसकी बात। यह सुअर का बच्चा मरना नहीं चाहता। **(चिल्लाकर)** फिर ब्याह क्यों किया था?

जीवन : जूते मारो इसके सिर पर! जुबान देकर कहता है, नहीं मरूँगा।

बुजुर्ग-3 : तूने जबान दी है, और अब कहता है—नहीं मरूँगा। चल। मैंने पहले ही कहा था कि इन रिक्शावालों का कोई एतबार नहीं है। ये जगह-जगह मुँह मारते फिरते हैं।

[फिर गोली चलती है। गुमाश्ता अन्दर आता है और बस्ती में बेधड़क इधर-उधर टहलने लगता है।]

सुथरा : **(गुमाश्ते के पास जाकर)** किसकी तलाश है, महाराज?

गुमाश्ता : यहाँ पर क्या चल रहा है?

सुथरा : यहाँ शादी-खाना-आबादी हो रही है और गोली चल रही है। आपने भी बेटी को ठिकाने लगाना हो तो ले आओ, हम तुरन्त कारज करवा देंगे।

बुजुर्ग-3 : **(दीनू को गले से पकड़ लेता है)** तू मरेगा कैसे नहीं? देखता हूँ तू कैसे नहीं मरता। चल, आगे · ·

[ढोलक अभी भी बज रही है।]

[पर्दा]

दृश्य : आठ

[पुलिस कमिश्नर का दफ्तर। छोटेलाल, सेठ दौलतराम, अमरीकसिंह, बिशनदास आदि बैठे हैं।]

कमिश्नर : सुनिए लालाजी, घर को आग लगती है तभी दमकल बुलाया जाता है। पहले ही से तो घर के सामने दमकल को खड़ा नहीं कर लिया जाता। जब किसी के घर में चोरी होती है, तभी तो चोर को पकड़ने की कोशिश की जाती है। राह जाते लोगों को तो नहीं पकड़ लिया जाता।

बिशनदास : आप दंगे की रोकथाम के लिए कुछ कदम तो उठा सकते हैं।

कमिश्नर : पुलिस क्या करे? क्या हम झण्डे लेकर अमन का जुलूस निकालें? क्या हम पब्लिक-जलसा करें और पुलिस कमिश्नर उसमें भाषण दे? क्या पुलिस दस्तखतों की मुहिम चलाये? लालाजी, दंगों की रोकथाम का काम पब्लिक का काम है।

बिशनदास : आप गुण्डों को तो पकड़ सकते हैं?

कमिश्नर : पकड़ सकते हैं, पकड़ा भी करते थे। पर एक गुण्डे को पकड़ो तो दस सयासतदान उसकी जमानत देने के लिए पहुँच जाते हैं। फिर क्या मालूम, आज जिसको गुण्डा समझ के पकड़ें, कल वह नेता बन जाये? आप पुलिस की दिक्कतों को भी समझा कीजिए।

दौलतराम : पुलिस कुछ तो काम कर ही सकती है न।

कमिश्नर : पुलिस का काम दंगा हो जाने पर शुरू होता है। तब जगह-जगह चौकियाँ बिठा दी जाती हैं, कर्फ्यू लगा दिया जाता है। इस सबका इन्तज़ाम हमने पहले से कर लिया है··· और फिर, नई स्कीम के मुताबिक सड़कों पर से लाशें उठवाने का काम, जख्मियों को अस्पताल पहुँचाने का काम, मुआवज़े देने का काम···।

अमरीकसिंह : पर साहिब, हमने सुना था कि दंगों की रोकथाम का काम भी पुलिस ही देखती है।

कमिश्नर : वह कोई दूसरा महकमा होगा, अगर है भी तो पुलिस में नहीं होगा,

किसी दूसरी मिनिस्ट्री में होगा।

अमरीकसिंह : कोई दफ्तर तो होगा, जहाँ इसके बारे में पूछताछ की जा सकती है।

कमिश्नर : **(थानेदार से)** कहाँ है यह रोकथाम का दफ्तर? यह साहिब कह रहे हैं, कोई रोकथाम का भी दफ्तर है।

थानेदार : वह सिक्युरिटी का होगा, जनाब!

कमिश्नर : ओ ठीक! आप सिक्युरिटी कहिए ना, रोकथाम क्या हुआ।

बिशनदास : **(थानेदार से)** कहाँ पर है यह दफ्तर?

थानेदार : इन दिनों बन्द है हुजूर! सभी सिपाही वी. आई. पी. साहिबान की सिक्युरिटी पर लगे हैं। आजकल दफ्तर में कोई नहीं बैठता।

कमिश्नर : आपने देख लिया, हम किन हालात में काम करते हैं।

[टेलीफोन की घण्टी बजती है।]

पी. ए. : **(चोंगा उठाकर)** मीटिंग चल रही है, साहिब!

कमिश्नर : क्या है? कौन है?

पी. ए. : एम्बुलेंस के बारे में पूछ रहा है, जनाब!

कमिश्नर : कह दो, सात एम्बुलेंस जख़्मी लोगों को उठाने के लिए, सात मुर्दों को उठाने के लिए **(उठ खड़ा होता है)** हमसे जो बन पड़ा, हम करेंगे। आप अपना काम कीजिए, हम अपना काम करेंगे।

[हाथ मिलाने के लिए हाथ बढ़ाता है। लाला दौलतराम और अमरीकसिंह एक साथ आगे बढ़ते हैं। सरदार लाला को अड़ेका मारकर आगे बढ़ जाता है और कमिश्नर से हाथ मिलाता है।]

अमरीकसिंह : मेरा नाम अमरीकसिंह है, मैं इस प्रतिनिधिमंडल का नेता हूँ।

कमिश्नर : बड़ी खुशी हुई।

लाला : **(आगे बढ़कर)** माफ कीजिए, यह पिछले दंगों के वक्त नेता थे, अबकी बार मैं नेता हूँ।

कमिश्नर : बड़ी खुशी हुई।

[सहसा बाहर से लाउडस्पीकर पर मंत्री की आवाज सुनायी देने लगती है।]

आवाज़ : नगरवासियो, हमवतनो, एक बार फिर हमारा प्यारा नगर दंगों की चपेट में आ गया है···

[नागरिक प्रतिनिधिमंडल के सदस्य हैरान होकर एक-दूसरे की तरफ देखने लगते हैं।]

: फिर से खून के छींटे शहर की दर-ओ-दीवार पर उड़ने लगे हैं। सैकड़ों घर आग की नजर किये जा रहे हैं। अनाज मण्डी में आग के शोले उठ रहे हैं· · ·

[शहरी घबरा जाते हैं और उनमें भगदड़ मच जाती है।]

कमिश्नर : मिनिस्टर साहिब क्या बोल रहे हैं? कहाँ दंगा हुआ है? कहाँ आग लगी है?

आवाज़ : सैकड़ों आदमी गिरफ्तार कर लिये गये हैं। जख्मियों के लिए तीन कैम्प खोल दिये गये हैं।

कमिश्नर : **(थानेदार से)** किसने गिरफ्तार किये हैं? यह किनकी बात कर रहे हैं? **(कड़ककर)** जाओ, दरयाफ्त करो, मेरा मुँह क्या देख रहे हो?

[थानेदार भागकर बाहर जाता है। कमिश्नर खिड़की के पास जाता है।]

आवाज़ : जिन बेगुनाह लोगों को मौत के घाट उतारा गया है, उनके घरवालों को सरकार की तरफ से मुआवज़ा दिया जा रहा है। हर मरनेवाले के पीछे दस हज़ार, हर जख्मी के पीछे अढाई सौ रुपये।

[धीरे-धीरे आवाज़ दूर होती जा रही है।]

: इस भयानक दंगे की जाँच के लिए सरकार ने अभी से कमीशन बैठा दी है। हाईकोर्ट के जज, जस्टिस विष्णुदत्त इसके अध्यक्ष होंगे और अपनी रिपोर्ट तीन महीने के अन्दर दाखिल करेंगे।· · ·

[आवाज़ और ज्यादा दूर होती जा रही है।]

आवाज़ : मैं नागरिकों से, अपने हमवतनों से पुरजोर अपील करता हूँ कि शहर में अमन-शांति बनाये रखें।· · ·

[इसी बीच थानेदार और दो-तीन सिपाही अन्दर आ जाते हैं।]

थानेदार : कोई दंगा नहीं हुआ, जनाब!

कमिश्नर : दंगा नहीं हुआ तो यह बयान कैसे आ गया?

पी. ए. : जनाब, मुझे लगता है यह पिछले दंगों के वक्त का बयान है।

कमिश्नर : वह कह रहे थे कि कमीशन बैठाया गया है।

पी. ए. : वह जो पिछले दंगों के बाद बैठाया गया था, तब भी जस्टिस विष्णुदत्त कमीशन के अध्यक्ष बनाये गये थे।

कमिश्नर : तो यह दंगा अभी हुआ नहीं है?

पी. ए. : नहीं, जनाब!

कमिश्नर : क्या मालूम दंगा हो गया हो, और हमें इसकी इत्तला न मिली हो।· · ·

[मन्त्री के भाषण लिखनेवाला, मिस्टर सक्सेना भागता हुआ अन्दर आता है।]

सक्सेना : गजब हो गया सर! यह आपने क्या किया? आपने दूसरा बयान पढ़वा दिया जो दंगों के दौरान पढ़ा जाना था।

कमिश्नर : बयान मन्त्रीजी ने खुद पढ़ा है।

सक्सेना : तीन भाषणों के टेप मैं आपको दे गया था, सर! लिफाफों पर साफ लिखा था—पहला, दूसरा तीसरा· · ·

कमिश्नर : **(कड़ककर थानेदार से)** भागकर जाओ और मनादीवाले को गिरफ्तार करो। खड़े-खड़े मेरा मुँह क्या ताक रहे हो!

थानेदार : अब तो वह बहुत दूर निकल गया होगा, जनाब!

कमिश्नर : **(चिल्लाकर)** दूर क्या होता है· · · भागकर जाओ और मनादी बंद करवाओ।· · ·

थानेदार : जनाब! · · ·सिक्युरिटी की मोटर ले जाऊँ? **(सेल्यूट बजाकर बाहर निकलता है)**

पी. ए. : यह तफसीली गलती हो गयी, जनाब!

कमिश्नर : **(झुँझलाकर)** तफसीली गलती क्या होती है?

पी. ए. : छोटी गलती जनाब, जो किसी तफसील को लेकर की गयी हो। यह बुनियादी गलती नहीं है, जनाब, अहम गलती नहीं है।

कमिश्नर : क्या बक रहे हो?

पी. ए. : जो लोग मारे जायेंगे, वे तफसीली गलती के शिकार करार दिये जायेंगे, जनाब!

[टेलीफोन बजने लगते हैं। पी. ए. टेलीफोन की ओर लपकता है।]

: चीफ सेक्रेटरी साहिब हैं, साहिब!

कमिश्नर : **(टेलीफोन लेता है)** मिनिस्टर साहिब के बयान के कारण गलतफहमी पैदा हो गयी है। अभी फसाद हुआ नहीं है। एक तफसीली गलती के कारण गलत बयान पढ़वा दिया गया है। मैं दरयाफ्त कर रहा हूँ कि किससे गलती हुई है। जी-जी· · · इसकी तलाफी करना फौरन ज़रूरी है। मैं कर रहा हूँ, मैं कर रहा हूँ। आप इत्मीनान रखें, वक्त से पहले हम फिसाद नहीं होने देंगे· · ·

[चोंगा रख देता है। सक्सेना को अपने पास बुलाता है]

: फौरन एक छोटा-सा भाषण लिखो। अभी लिखो, मेरे सामने, मिनिस्टर साहिब की ओर से, कि दंगा अभी नहीं हुआ है, लिखो, सिर्फ एक तफसीली गलती की वजह से गलतफहमी पैदा हो गयी है कि जो

बयान बाद में पढ़ा जाना था, वह पहले पढ़ दिया गया है।

सक्सेना : आप यह नहीं कह सकते, सर!

कमिश्नर : क्यों नहीं कह सकते? अच्छा, अच्छा, ठीक है ठीक है मत कहो। ··· पर कुछ तो कहोगे।

सक्सेना : **(पी. ए. से)** लिखो—हमें इस बात की खुशी है कि नगरवासी किसी गलतफहमी का शिकार नहीं हुए हैं। मैं फिर से अपील करता हूँ कि शहर की महान परम्पराओं को ध्यान में रखते हुए नगरवासी शहर में शांति बनाये रखेंगे···

कमिश्नर : बस, बस, काफी है। **(सक्सेना से)** अब भागकर जाओ और मिनिस्टर साहिब से टेप करवाकर लाओ।

सक्सेना : मिनिस्टर साहिब तो यहाँ पर नहीं हैं। वह दौरे पर जा चुके हैं।

कमिश्नर : क्या?

सक्सेना : वह यह भी कह गये थे कि अगर उनके चले जाने के बाद दंगा हो जाये तो आप कमीशन बैठाने की घोषणा कर दें, और मुआवज़े देना शुरू कर दें, मैं आपसे यही कहने आ रहा था।

कमिश्नर : तुम ये वाक्य अपनी आवाज़ में टेप कर दो। फौरन।

सक्सेना : पर, सर···!

कमिश्नर : बस, बस, कर दो··· फौरन!

[टेलीफोन की घंटी बजती है।]

: हैलो, हाँ, हाँ, बोल रहा हूँ। ···नहीं, कोई ज़रूरत नहीं। एम्बुलेंस अभी नहीं भेजे जायें। अगर कोई जख़्मी होता है तो उसे वहीं पड़ा रहने दो, दंगा अभी नहीं हुआ है **(चिल्लाकर)** मैं जो कह रहा हूँ! **(चोंगा रख देता है)**

सिपाही : **(भागकर अन्दर आता है)** जनाब!

कमिश्नर : क्या है? जल्दी बोलो।

सिपाही : जनाब, थाने के अन्दर डकैती हो गयी है।

कमिश्नर : कहाँ?

सिपाही : मालखाने में जनाब, यहीं पर थाने में! वह बक्सा गायब है जनाब, जिसमें खजाने का रुपया, मुआवज़ों का रुपया, रखा गया था। ताला टूटा पड़ा है!

कमिश्नर : **(उठ खड़ा होता है)** मालखाने का ताला टूटा पड़ा है और बक्सा गायब है?

सिपाही : जनाब!

कमिश्नर : पाँच लाख की चोरी हो गयी और तुम्हें खबर तक नहीं! तुम्हारे अपने

मालखाने में डकैती ! पुलिस-थाने में डकैती ! · · · हरामजादो, जानते हो इसका क्या मतलब है **(चिल्लाकर)** बुलाओ थानेदार को ! फौरन ! मेरा मुँह क्या देख रहे हो ?

सिपाही : जनाब ! **(जाता है)**

[टेलीफोन बजने लगे हैं। कमिश्नर एक चोंगा उठाता है।]

कमिश्नर : दंगा नहीं हुआ ! यह गलतफहमी है। तफसीली गलती है। **(चिल्लाकर)** दंगे का इंतज़ार करो। **(चोंगा रख देता है)**

[टेलीफोन की घंटी बज रही है, जब पर्दा गिरता है।]

दृश्य : नौ

[सुथरा सामने आता है, पैरों में पायल, गीत गा रहा है।]

सुथरा : क्यों भाइयो !· · ·

मैं कोई झूठ बोलिया—कोय ना !
मैं कोई कुफर तोलिया—कोय ना !

[अंतिम पंक्ति, पर्दे के पीछे, कोरस उसके साथ गाता है।]

: सब बात ठिकाने पर आ गयी है। बस, अब एक छोटी-सी दियासलाई की ज़रूरत है, फिर देखो कैसा जलता है, कैसी आतिशबाजी चलती है। और जो छोटी-मोटी कसर रहती थी, उसे मन्त्रीजी के भाषण ने पूरा कर दिया है।

: क़ौम ने जग्गे के साथ ठेका कर लिया है, उधर मौलवियों ने हमीदे के साथ गठजोड़ कर लिया है, इस तरह जग्गे और हमीदे की सांझ चमक उठी है।

: गुमाश्ते ने कँटीली तार के बण्डल मौके पर भिजवा दिये हैं, और सेठ कागज़ात तैयार किये बैठा है, कि कब झुग्गी-झोंपड़ीवाले ज़मीन खाली करें और वह सरकार के साथ लिखत करके उसे झपट ले।

: उधर बस्ती में दीनू, ब्याह हो जाने के बाद, सड़क के किनारे तैयार बैठा है कि कब दंगा शुरू हो और वह अपनी गर्दन पेश कर दे और शांति का बाप अभी से दुकान की खोज में निकल पड़ा है, ताकि दीनू के मरने पर मुआवज़ा मिलते ही दुकान का मुहूरत हो जाये।

: सभी मुझसे कहते हैं कि सुथरा जहाँ जाता है, तेजाब छिड़कता है। अरे थोड़ा जलोगे, तभी कुछ सँभलोगे !

[पर्दे के पीछे से आवाज़ आती है।]

बुजुर्ग-3 : कहाँ है सुथरा, हरामी, मैं उससे पूछूँ।

सुथरा : अरे, यह कौन टपक पड़ा है ?

[शांति का बाप अन्दर आता है।]

—

बुजुर्ग-3 : तुम यहाँ ठुमक-ठुमक नाच रहे हो। तुमने मेरे साथ धोखा किया है। ···मैं तेरा खून पी जाऊँगा। **(सुथरे को गले से पकड़ लेता है)** अभी तक दीनू नहीं मारा गया। क्या हुआ तेरे दंगे का?

सुथरा : होगा, होगा, दंगा होकर रहेगा। आज नहीं तो कल होगा, छह महीने बाद होगा, पर होगा जरूर।

बुजुर्ग-3 : तुमने कहा था कि दीनू को मरवाने का तू इन्तज़ाम करेगा, क्या हुआ तेरे इन्तज़ाम का?

सुथरा : **(सँभलते हुए)** माँग बढ़ गयी है, कुछ समझा करो, जब से मुआवज़ों की स्कीम चली है, कितने ही लोग अपने आदमी मरवाने के लिए घूम रहे हैं।

बुजुर्ग-3 : अरे, तुमने मेरी बेटी का ब्याह करवा दिया, वह हरामी मेरे घर पर बैठा रोटियाँ तोड़ रहा है, मेरे घर पर उसने डेरा जमा लिया है।

सुथरा : उसने तो पहले ही कह दिया था कि वह अगले दंगों में मरेगा।

बुजुर्ग-3 : उसका जो मन आये, कहता फिरे। देख, तूने वचन दिया है, उल्टी-सीधी बात नहीं कर। तूने कहा था कि ब्याह कर दो, दंगा अभी हुआ कि हुआ। कहा था या नहीं?

सुथरा : मैं अब भी कहता हूँ कि दंगा हुआ कि हुआ।

बुजुर्ग-3 : मैं तेरी जबान खींच लूँगा। **(चिल्लाकर)** तो फिर दंगा होता क्यों नहीं? वह मुफ्त की रोटियाँ खा-खाकर मोटा हो रहा है!

सुथरा : बाबा, अगर छह महीने बाद मरेगा, तो क्या मालूम उस वक्त तक मुआवज़े की रकम और बढ़ा दी जाये? देखते नहीं, चारों ओर कीमतें बढ़ रही हैं। बाज़ार कैसे जोबन पर है, कुछ सोचा करो!

बुजुर्ग-3 : अरे, मैं अपने घर के भाण्डे-बरतन भी बेच चुका हूँ। उसका पेट ही नहीं भरता। मजनू बना घूम रहा है। झोंपड़े के बाहर बैठा गाने गाता रहता है, उसे मरने की कोई चिंता ही नहीं है!

सुथरा : उसके पाँव का जख्म कैसा है?

बुजुर्ग-3 : शांति रोज उसकी मरहम-पट्टी करती है। उसका जख्म भी भरने लगा है। मैं तो बर्बाद हो गया। घर-जमाई आ बैठा है!

सुथरा : पर तेरी बेटी तो ठिकाने लग गयी।

बुजुर्ग-3 : वह अपना रिक्शा भी गिरवी रख आया है, और पैसे खा-पी गया है। वह अब रिक्शा भी नहीं चलायेगा।

सुथरा : शांति क्या कहती है?

बुजुर्ग-3 : उस पर, उस उल्लू के पट्ठे ने जादू कर दिया है।

सुथरा : **(हँसकर)** इश्कपेचा लड़ गया है, तो मैं क्या कर सकता हूँ?

[जीवन और चौधरी अन्दर आते हैं।]

बुजुर्ग-3 : तुम सबने मिलकर मेरे साथ धोखा किया है। मित्र-द्रोह किया है।

चौधरी : क्यों, क्या बात है, बुजुर्गवार?

बुजुर्ग-3 : वह मेरे घर पर बैठा कुप्पा होता जा रहा है। वह कब मरेगा, और कब मुझे मुआवज़ा मिलेगा? हरामी मुझ पर हुक्म चलाता है, मुझसे काम करवाता है—ताऊ, ज़रा पानी पिला दे, ताऊ, ज़रा चाय ला दे। इस तरह तो मैं ही अपने आप अगले जहान पहुँच जाऊँगा।

सुथरा : **(दार्शनिकों की तरह)** एक दिन तो हर किसी ने अगले जहान पहुँचना है।

बुजुर्ग-3 : **(चिढ़कर)** तू क्यों नहीं पहुँचता अगले जहान? बड़ा आया दानिशमंद! घाघरा पहने नाचता फिरता है। बड़ा अफलातून बना फिरता है!

चौधरी : तुम क्या चाहते हो?

बुजुर्ग-3 : उसे निकालो मेरे घर में से। या उसे कत्ल करवाओ!

सुथरा : हौसला रख, बाबा, वह घर से भी चला जायेगा और ऊपर भी चला जायेगा।

बुजुर्ग-3 : वह ऊपर नहीं जायेगा, चलाणा नहीं करेगा। उसे जीने का चस्का पड़ गया है। पहले सारा वक्त हाय-हाय करता रहता था, अब सारा वक्त गाने गाता रहता है। हरामी, रोज नहाने लगा है, पट्ठे काढ़ता है, शीशे में अपना थोबड़ा निहारता रहता है।

[बाहर पर्दे के पीछे कोई दौड़ता जा रहा है।]

आवाज़ : थाने में चोरी हो गयी! दिन-दहाड़े डाका! पूरे पाँच लाख चोरी हो गये! मुआवज़े की सारी रकम चोर उड़ा ले गये!

सुथरा : पाँच लाख गायब! वाह, चोरों के घर चोरी हो गयी! सुना, चौधरी?

बुजुर्ग-3 : **(अपनी छाती पीटने लगता है)** ओ, मैं मारा गया! ओ, मैं बर्बाद हो गया! मैं कहीं का न रहा!

सुथरा : रोता क्यों है, बाबा?

बुजुर्ग-3 : अब मुआवज़ा नहीं मिलेगा! अब वह हरामी भी नहीं मरेगा! ···ओ, मैं तो कहीं का न रहा।

सुथरा : बाबा, थाने में चोरी हुई है, सरकार को तो उठाकर कोई नहीं ले गया।

बुजुर्ग-3 : **(लट्ठ उठाकर)** पहले मैं तुझे तो अगले जहान पहुँचाऊँ!

[सुथरे के पीछे भागता है। सुथरा फुरती से बाहर निकल जाता है।]

[पर्दा]

दृश्य : दस

[जग्गा और गुमाश्ता ।]

जग्गा : कहो बाबू, अपनी साइकिल कहाँ छोड़ आये ?

[गुमाश्ते के गले का टेंटुआ बाहर को निकला हुआ है ।]

: कुछ दुबला गया है तू !

गुमाश्ता : उम्र भी तो ज्यादा हो गयी है ।

जग्गा : **(उसके टेंटुए की ओर देखते हुए)** जब भी तेरा टेंटुआ देखता हूँ, मन चाहता है अपने अँगूठे के नीचे इसे दबा दूँ । सच, बड़ा मजा रहेगा !

[दोनों हाथ से गुमाश्ते का गला पकड़ लेता है । गुमाश्ते की आँखें बाहर को निकलने लगती हैं । टोपी ज़मीन पर गिर जाती है ।]

गुमाश्ता : बस, बस, जग्गे, छोड़ दे । **(हाथ-पाँव पटकता है)**

जग्गा : **(देर तक गुमाश्ते का गला पकड़े/दबाये रहता है । गुमाश्ता छटपटाता है । कुछ देर बाद उसे छोड़ देता है)** सच कहता हूँ, खूब मजा आयेगा, जैसे मुर्गी की गर्दन अँगूठे के नीचे आयी हो !

[गुमाश्ते की आँखें निकल आयी हैं । ज़मीन पर से टोपी उठाकर सिर पर रखता है ।]

: अब कह, क्या हुक्म है ? अबे, तू और लोगों को मरवाने के लिए मेरे पास आता है, पर तुझे मरवाने के लिए मेरे पास कोई नहीं आता । **(प्यार से गुमाश्ते की ओर देखते हुए)** तुझे मारना हो तो मैं मुफ्त में मार दूँगा, बायें हाथ की दो उँगलियों से । यों किसी दिन तुझ पर बहुत प्यार आ गया तो खड़े-खड़े तेरा टेंटुआ दबा दूँगा । **(हँसता है)** ओ हरामी, कुछ खाया-पीया कर । शहर में अब मुझ जैसे कितने ही सूरमा घूमते हैं । किसी दिन उन्हीं में से कोई तेरा टेंटुआ दबा देगा । पर अगर कोई और आदमी तेरा टेंटुआ दबायेगा तो मैं उसे पकड़ लूँगा । तू मेरी मुर्गी है ! **(हँसता हुआ, फिर से गुमाश्ते को गर्दन से पकड़ लेता है ।)**

गुमाश्ता : छोड़ जग्गे! काम की बात कर।

जग्गा : जो मैं कह रहा हूँ, वह बेमतलब की बात है क्या? **(उसे फिर से गर्दन से पकड़ लेता है)** हाय-हाय, कितना नर्म है तेरा मांस? आज तुझ पर बहुत प्यार आ रहा है। आज कोई और नहीं मिला, तो मैं तुझे ही काट डालूँगा।

[सहसा, पीछे से आवाज़ें आने लगती हैं। भागते कदमों की आवाज़। 'पकड़ो! पकड़ो! मारो! मारो!' की आवाज़ें। मंच पर, दायीं ओर, पिछले दरवाज़े में से छतरीवाला—फटे हुए कपड़े, नंगे सिर, अंदर आता है और अपना सिर छिपा पाने के लिए, इधर-उधर खोजता हुआ, पीछे की ओर एक कोठरी में घुस जाता है।]

गुमाश्ता : अच्छा, मैं चलता हूँ। भूलना मत। ज़मीन खाली करवाना है! यही ज़मीन है।

जग्गा : तू आदमी जिबह करने की बात कर। ज़मीन खाली होती रहेगी। पहले शरीर में कुछ गर्मी तो आये।

गुमाश्ता : मार लेना दो-चार, जो तुम्हें मारने हैं।

जग्गा : उसके पैसे अलग होंगे।

गुमाश्ता : **(जल्दी से बाहर की ओर जाते हुए)** हाँ, हाँ, सुन लिया है...

[प्रस्थान]

जग्गा : **(कुल्हाड़ी उठा लेता है और उसे चूमता है, फिर ललकारते हुए)** अबे, आ जाओ सामने जिसकी मौत आयी है! ए? कौन हो तुम, तेरी... **(पीछे की ओर जाता है और कोठरी के बन्द दरवाज़े के सामने कुल्हाड़ी उठा लेता है)**

जग्गा : निकल बाहर! अन्दर घुसकर छिपा बैठा है! तेरी मैं... निकल बाहर! **(कुल्हाड़ी से दरवाज़े पर वार करता है)**

: मैं तेरी टाँगें चीर दूँगा! मैं अंतड़ियाँ निकाल दूँगा। टुकड़े-टुकड़े कर दूँगा। **(कुल्हाड़ी से फिर दरवाज़े पर वार करता है)** निकल बाहर! चूहे की तरह बिल में घुस गया है! मर्द हो तो बाहर आ। **(दरवाज़े पर एक और वार करता है)**

[छतरीवाला पीछे की ओर से निकलकर दाएँ हाथ की तरफ, जहाँ से जग्गा आया था, भाग जाता है। जग्गा उसे देखकर, ललकारता हुआ, उसके पीछे बाहर निकल जाता है।]

: ठहर, तेरी मैं· · · तेरी, भागनेवाले की· · ·

['ठहर ! ठहर !' की आवाज़ें बाहर से आती रहती हैं, फिर थोड़ी देर के लिए चुप्पी छा जाती है। स्टेज खाली है।]

[बायीं ओर से दीनू और शांति अन्दर आते हैं।]

शांत : तुम्हें पक्का मालूम है कि दंगा छिड़ गया है? अभी तक आग तो कहीं पर नहीं लगी और शोर भी सुनायी नहीं देता।

दीनू : आवाज़ें तो सुनायी दे रही हैं। फसाद हो गया है। यहाँ नज़दीक ही कोई ललकार रहा था। सुन, मेरी बात सुन।

शांति : क्या है?

दीनू : जब मैं मारा जाऊँ, तो फौरन भागकर चौधरी को इत्तला कर देना। नहीं तो मुआवज़े का पैसा खो बैठेगी। और बस्ती के बाहर नहीं जाना।

शांति : तू मेरी बात सुन। अपने आप किसी से मारने के लिए नहीं कहना, कोई तुझे मार ही डाले तो बात दीगर है। · · · भले ही जख्मी हो जाना· · ·

दीनू : जख्मी हो जाऊँगा तो क्या मिलेगा? · · · बैंगन? · · · अब तू घर जा।

शांति : अभी नहीं · · · यहाँ से बहुत दूर नहीं जाना।

दीनू : नहीं जाऊँगा· · · पर तू घर जा।

शांति : घर अब कहाँ है? बस्ती के लोग कोई कहीं तो कोई कहीं घुस गये हैं।

दीनू : तू भी कहीं पर जाकर छिप जा। मेरे साथ रहेगी तो तेरी जान को भी खतरा बना रहेगा।

शांति : चली जाऊँगी, चली जाऊँगी, तू चुप कर।

दीनू : तू अभी चली जा। मैं धीरे-धीरे शहर की ओर चला जाऊँगा। चौधरी कहता था कि शहर के अन्दर मार-काट ज्यादा होगी।

शांति : नहीं, तू इधर नज़दीक ही रह। मेरी आँखों के सामने तो रहेगा।

दीनू : क्या कह रही है? अपनी आँखों के सामने मुझे मरता देखेगी?

शांति : हाय, नहीं। क्या मालूम तू बच जाये?

दीनू : बच जाऊँगा तो तुझे क्या मिलेगा? दंगा शहर के अंदर होगा। मैं वहीं जाऊँगा।

शांति : उधर जायेगा तो मुझे कैसे मालूम होगा कि तू जिन्दा है या मर गया है? मैं तुझे कहाँ ढूँढती फिरूँगी? तू मेरे नज़दीक ही रह।

दीनू : मैं धीरे-धीरे चलता हुआ शहर की ओर जाऊँगा।

शांति : तू जायेगा तो मैं भी तेरे पीछे धीरे-धीरे आती जाऊँगी। तू मेरे नज़दीक तो रहेगा।

दीनू : अच्छा, मैं दूर नहीं जाऊँगा, इधर नज़दीक ही रहूँगा।

शांति : पानी पिएगा? तुझे प्यास तो नहीं लगी?

दीनू : नहीं।

शांति : सुथरा कहता था कि मरने से पहले प्यास लगती है, मुँह सूखता है। इसीलिए पूछा।

दीनू : प्यास उसे लगती है जो मरने के नाके तक पहुँचा हुआ हो।

शांति : डर लगे तो प्यास नहीं लगती?

दीनू : डर लगने पर तो पेशाब निकलता है।

शांति : तेरा पेशाब निकल रहा है?

दीनू : नहीं, अभी नहीं··· मेरे मरने के बाद मुआवज़े के लिए दरख्वास्त फौरन दे देना।

शांति : हाँ, हाँ, चुप कर।

दीनू : चौधरी को सीधे जाकर बता देना। मेरे पीछे किसके साथ ब्याह करेगी?

शांति : चुप रह। मरने के वक्त ऐसी बातें नहीं करते।

दीनू : मुआवज़े की रकम से दोनों दुकान डाल लेना।

शांति : बस, बस, चुप कर। मैंने सुन लिया है। मरने की बात मत कर।

दीनू : अब तू चली जा, आगे मैं खुद ही चला जाऊँगा।

शांति : नहीं।

दीनू : **(दुखी होकर)** मारनेवाले तुझे उठाकर ले जायेंगे, और मुझे काटकर चले जायेंगे। इससे क्या मिलेगा? तू लौट जा।

शांति : नहीं, मैं यहीं पर रहूँगी। तेरे पास।

दीनू : अगर मैं मारा गया तो तू सड़क पर कहाँ छिपती फिरेगी निपट अकेली? तू भाग जा।

शांति : नहीं।

दीनू : अगर तुझे कुछ हो गया तो? सब किया-कराया धूल में मिल जायेगा। पागल, तेरी खातिर तो मैं मरने आया हूँ।

शांति : इसीलिए तो मैं नज़दीक रहना चाहती हूँ।

दीनू : **(परेशान हो जाता है)** नहीं, नहीं, वो मुझे मार डालेंगे और इधर फैक्टरी का फाटक बन्द हो जायेगा, तू अन्दर ही नहीं जा सकेगी। तू तो पागल है। बाकी सब लोग बच जायेंगे, तू और मैं मारे जायेंगे। इससे क्या लाभ होगा? तू भाग जा। देख शांति, मेरा दिल डोलता है, तू लौट जा। कोई तुझे उठाकर ले गया तो मुझसे मरा नहीं जायेगा।

शांति : तुझे मरना ही है तो मेरी आँखों के सामने तो मर। नहीं तो मरे हुए को मैं कहाँ ढूँढती फिरूँगी।

दीनू : तू चली जा, फौरन। तुझे मेरे सिर की सौगन्ध। भाग जा· · · कोई आ रहा है। **(बाहर निकल जाता है)**।

[शांति बाहर से आनेवाली आवाज़ों को सुनती हुई स्टेज के एक ओर छिप जाती है। स्टेज पर करीब-करीब अँधेरा है, बाहर की ओर से आवाज़ें सुनायी देने लगती हैं।]

आवाज़ें : कौन है, ओये? खबरदार जो भागा तो? टुकड़े-टुकड़े कर दूँगा।

[दीनू पर कुल्हाड़ी फेंकने की भयानक आवाज़। इसके बाद कुछ देर तक चुप्पी। एक ओर को खड़ी शांति थर-थर काँप रही है।]

आवाज़ : **(दीनू की)** मुझे नहीं लगी। फिर से मार एक बार। नज़दीक आकर मार।

[चुप्पी]

जग्गा : कौन है, अबे?

दीनू : अपनी कुल्हाड़ी उठा ले। इधर पड़ी है मेरे नज़दीक। अँधेरे में तेरा निशाना ठीक नहीं बैठा।

जग्गा : क्या बक रहा है? कौन है तू?

दीनू : मैं· · · मैं· · · तुझे इससे क्या? तू अपना काम कर।

जग्गा : **(रोअब से)** तू किधर जा रहा है?

दीनू : शहर को।

जग्गा : शहर को? उधर जाकर मरना है क्या?

दीनू : हाँ, मरना है।

जग्गा : **(चौंककर)** क्या?

दीनू : मरना है। मरने के लिए ही जा रहा हूँ।

जग्गा : मरने के लिए जा रहा है?

दीनू : हाँ।

जग्गा : इतनी दूर मरने के लिए जाएगा?

दीनू : तू मुझे यहीं मार डाल।

जग्गा : मैं मार डालूँ। क्यों?

दीनू : यह प्राइवेट मामला है।

जग्गा : लोग तो छिपते फिरते हैं और तू मैरने के लिए घूम रहा है?

दीनू : हाँ।

जग्गा : क्यों?

दीनू : यह प्राइवेट मामला है।

जग्गा : तेरा दिमाग तो ठिकाने है? तेरा सिर तो नहीं घूम गया?

दीनू : नहीं। मैं मरूँगा तो मुआवज़ा मिलेगा।

जग्गा : क्या? क्या कहा, क्या मिलेगा?

दीनू : मुआवज़ा!

जग्गा : मरने के बाद तुझे मुआवज़ा मिलेगा? अक्ल तो ठिकाने है तेरी?

दीनू : मुझे नहीं, मेरी घरवाली को मुआवज़ा मिलेगा।

जग्गा : तेरा दिमाग तो ठीक है?

दीनू : हाँ ठीक है, जल्दी कर, देर हो रही है। अगर मुझे मारना है तो मार, नहीं तो शहर की तरफ जाने दे। इस वक्त तक तो मैं मर-खप गया होता।

जग्गा : चल मेरे साथ।···चल, चल, आगे बढ़।

[कदम दूर जाते सुनाई पड़ते हैं। दांयीं ओर से छतरीवाला फिर से दाखिल होता है, घबराया हुआ, फटे, जर्जर कपड़े···]

: कौन है?···ठहरो!···तुम पहले भी भाग गये थे। ठहर, तेरी··· **(जग्गा उस पर कुल्हाड़ी फेंकता है। कुल्हाड़ी के गिरने की आवाज़)** बचाओ! बचाओ!

[दूर जाते कदमों की आवाज़। थोड़ी ही देर बाद गोली चलने की आवाज़ आती है। शांति भागकर स्टेज के बीचोबीच आ जाती है।]

शांति : हाय, क्या हुआ है?

[गोली की आवाज़ सुनकर जीवन, चौधरी और बस्ती के दो-तीन और आदमी पहुँच जाते हैं।]

जीवन : क्या हुआ है? कहीं पर गोली चली है। **(शांति से)** तू यहाँ पर क्या कर रही है?

शांति : हाय, दीनू मारा गया है!

[सुथरा अन्दर आता है]

जीवन : अभी-अभी गोली चली है···सुथरे! तुमने सुना!

सुथरा : सुना है!

जीवन : लगता है दीनू उसी तरफ गया था।

[शांति बाहर की ओर भागती है। सुथरा उसे रोक लेता है।]

सुथरा : मत जा शांति, रुक जा··**(जीवन से)** तू बाहर जाकर देख।

जीवन : वहाँ बन्दूकोंवाले निशाना बाँधे बैठे होंगे।

सुथरा : तू सदा डरता-मरता ही रहेगा।

[सुथरा बाहर जाता है। बाहर से सुथरे की आवाज़ आती है—]

: ओ दीनू! बोल! जीता है या मर गया है? **(चुप्पी)** अबे, कुछ बोल तो! **(एक राह जाते आदमी से)** क्यों भैया, किधर से आ रहे हो?

राहगीर : मण्डी की ओर से।

सुथरा : इधर पीछे कोई आदमी तो नहीं मारा गया? ···थोड़ी ही देर पहले गोली चली थी।

राहगीर : मैं नहीं जानता।

सुथरा : ओ दीनू !! बोलता-मरता क्यों नहीं··· अब बोल तो! ···हमारे सब काम रुके हुए हैं।

चौधरी : जो बोल नहीं रहा तो इसका मतलब है, मर गया।

जीवन : क्या मालूम जख्मी हो गया हो और डर के मारे न बोल रहा हो।

चौधरी : ओ, डरने की कोई बात नहीं। अगर मरा नहीं हो तो एक चांस तुझे और देंगे।

जीवन : इससे कहो, हम खुद तेरे कत्ल का इंतज़ाम करेंगे, चिन्ता न कर।

[दूसरी ओर से बस्ती के दो-तीन और आदमी आते हैं।]

चौधरी : कुछ पता चला?

जीवन : नहीं। कुछ पता नहीं चला। कहीं सुसरी की तरह सोया पड़ा है।

चौधरी : बाकी सूरमा कहाँ हैं? तेजा और मंगलू? उन्हें भी चलता करो। यह मौका हाथ से न जाने दो।

जीवन : अब जितनी जल्दी हो सके, दीनू की लाश उठवा लाओ। लाश मिलेगी, तभी मुआवज़ा मिलेगा।

चौधरी : बस, अब मुआवज़े के लिए अर्ज़ी फौरन दाखिल कर देनी होगी।

जीवन : आज ही मुआवज़े के दफ्तर चलो। शांति को साथ लेकर चलो। पाँच-सात गवाहियाँ डलवा देंगे।

चौधरी : मुख्य बात यह है कि फाईल खुल जाये। कार्रवाई शुरू हो जाये। **(शांति से)** ए लड़की, रोना बन्द कर, यह रोने की बात नहीं है। वह अगर जिन्दा रहता, तब तुम्हें रोना चाहिए था।

जीवन : शांति ठीक कर रही है जो पहले से रो रही है। **(शांति से)** इसी तरह रोती हुई मुआवज़े के दफ्तर चलना।

चौधरी : फाईल खुल गयी तो समझो आधा काम हो गया। मुख्य बात है, फाईल खुल जाये। **(शांति से)** ये रंग-बिरंगे कपड़े उतार दे।

जीवन : नहीं, नहीं, इन्हें पहने रहे। ये पहने होंगे तो लगेगा, दीनू की मौत अभी-अभी हुई है।

[सुथरा अन्दर आता है।]

: सुथरे, लाश मिली?

सुथरा : लाश तो वहाँ पर नहीं है।

चौधरी : अभी-अभी तो कोई कह रहा था कि पेड़ के नीचे एक लाश पड़ी है।

सुथरा : अब तो वहाँ कोई लाश नहीं है। मैं जब वहाँ गया तो कोई नहीं थी। मैंने, कुछ नहीं तो बीस पेड़ों के नीचे देखा है।

जीवन : लो, लाश को कोई और उठा ले गया है! अब मिल चुका तुम्हें मुआवज़ा! जो कोई लाश ले गया है, वही दस हज़ार वसूल कर लेगा। तुम लोग बहसें ही करते रहो। **(सुथरे से, गुस्से के साथ)** तू वहाँ क्या करने गया था? यहाँ पर खड़ा दीनू की लाश को आवाज़ें लगा रहा था। घाघरा पहने नाचता फिरता है। बड़ा पीर-औलिया बना फिरता है। आँखों के सामने से लाश उठ गयी और इसे पता नहीं चला। यह लाश ढूँढने गया था।

चौधरी : अब सीधा मुआवज़े के दफ्तर चलो। सबसे पहले, दरख्वास्त दाखिल करो। फाईल तो खुल जाये।

जीवन : लाश के बिना तुम्हें मुआवज़ा कोई नहीं देगा। पहले लाश का पता लगाओ। बिना लाश के तुम्हें दफ्तर के अंदर ही नहीं घुसने दिया जाएगा।

चौधरी : सबसे पहले अपनी फाईल खुलवाओ। लाश को बाद में ढूँढते रहना।

जीवन : लाश के बिना वे फाईल ही नहीं खोलेंगे। **(शांति से, जो अब भी रोये जा रही है)** बस कर लड़की, कुछ सोचने दे।

[शांति का बाप अंदर आता है।]

चौधरी : मुबारक हो, बाबा जी! काम पूरा हो गया है। दीनू ऊपर पहुँच गया है।

जीवन : खुशकिस्मती से काम पूरा तो हो गया है, पर उसकी लाश नहीं मिली। **(सुथरे से)** तूने तो उसे नहीं छिपा दिया, ताकि खुद ही मुआवज़ा ले जाये!

बुज़ुर्ग : इस हरामी का कोई भरोसा नहीं। जितना जमीन के बाहर है, उससे दुगना जमीन के नीचे है।

सुथरा : कोई कह रहा था कि पेड़ के नीचे लाश पड़ी थी।

जीवन : पड़ी थी तो अब कहाँ गयी? ऊपर भगवान के पास तो आत्मा जाती है, शरीर तो नीचे ही रहता है।

चौधरी : अब यहाँ से चलो, देर नहीं करो।

शांति : **(पिता से)** क्यों बापू? वह सचमुच मर गया है?

बुजुर्ग : लो सुनो, यह उसे अपना सचमुच का पति समझे बैठी है!

चौधरी : **(शांति से)** तू रोना चाहती है तो बेशक रोये जा, कचहरी में भी तो तुझे रोना है। वहाँ तो हम सब रोयेंगे। चलो, आगे चलो···

[प्रस्थान]

[पर्दा]

दृश्य : ग्यारह

[पुलिस कमिश्नर का दफ्तर। कमिश्नर थाने में होनेवाली डकैती की तफतीश कर रहा है।]

कमिश्नर : **(थानेदार से)** तुम्हें कब पता चला कि थाने में चोरी हो गयी है?

थानेदार : सुबह जब मैं ड्यूटी पर पहुँचा, जनाब, और थाने का राउंड लगा रहा था, पर ताला खुला था और लटक रहा था।

कमिश्नर : रात के वक्त यहाँ पर किसकी ड्यूटी थी?

थानेदार : थानेदार बिशनसिंह की, जनाब!

कमिश्नर : **(कड़ककर)** क्या मज़ाक है यह, कि थाने में ताला टूट जाये।

थानेदार : मैंने पहले भी अर्ज़ किया था, जनाब, कि मालखाने की हिफाज़त के लिए अलग से चौकीदार रखना चाहिए। गोरखा चौकीदार बड़ा चौकस होता है, बड़ा वफादार भी होता है, वह समूचे थाने की भी हिफाज़त करेगा।

कमिश्नर : **(व्यंग्य से)** थाना पूरे इलाके की चौकसी करता है, अब थाने की चौकसी गोरखा चौकीदार करेगा।

थानेदार : जी, जनाब!···हम एक कुत्ता भी रख सकते हैं, जनाब, जो सारा वक्त मालखाने के बाहर बैठा रहे। शिकारी कुत्ता, एल्सेशियन, बुलडॉग, कोई भी रख सकते हैं।

कमिश्नर : बन्द करो यह बकवास!···थाने की चौकीदारी के लिए कुत्ता चाहिए, गोरखा चौकीदार चाहिए···तुमने ताला लटकता हुआ देखा तो तुमने क्या कार्रवाई की?

थानेदार : मैंने नोट कर लिया जनाब, कि ताला खुला हुआ है और लटक रहा है। उस वक्त मालखाने के बाहर, कान्स्टेबुल हरिराम अपने बूट पालिश कर रहा था, जगतराम नहाकर आया था और बाल कंघी कर रहा था और कान्स्टेबुल आबिद हुसैन नमाज पढ़ रहा था।

कमिश्नर : **(कड़ककर)** तुमने कार्रवाई क्या की?

थानेदार : मैंने नोट कर लिया जनाब, उनमें से किसी और का ध्यान इस तरफ

नहीं गया, मैंने नोट कर लिया कि ताला खुला है और लटक रहा है। मैंने उसी वक्त फैसला कर लिया कि दस बजे दफ्तर खुलेगा तो इसकी तहकीकात करूँगा।

कमिश्नर : उस वक्त क्या बजा था?

थानेदार : उस वक्त तीन बजे का वक्त रहा होगा, जनाब!

कमिश्नर : तो तुम तीन घण्टे तक लटकता ताला देखते रहे?

थानेदार : बाजाब्ता तौर पर तो दफ्तर खुलने पर ही···

कमिश्नर : थाने में भी दफ्तर दस बुजे खुलता है?

थानेदार : जनाब!

कमिश्नर : दूर हो जाओ मेरी नज़रों से।

[एक कान्स्टेबुल अन्दर आता है।]

कान्स्टेबुल : जनाब, बाहर कुछ लोग आपसे मिलना चाहते हैं।

कमिश्नर : **(थानेदार से)** जाओ, अब मेरा मुँह क्या देख रहे हो? बाहर कहीं डाका पड़े और लोग मेरे पास आयें तो मैं उनसे कहूँ, 'थाना दस बजे खुलेगा!' ···हरामखोर! पूरे पाँच लाख लुट गये! और वह भी मुआवज़े का पैसा! **(बड़बड़ाता है)** कुत्ता रख लो! गोरखा चौकीदार रख लो!··· इन हरामखोरों की हिफाज़त के लिए भी कुत्ता रखूँगा!

[थानेदार का प्रस्थान]

: **(कान्स्टेबुल से)** क्या है? कौन है?

कान्स्टेबुल : जनाब, मुआवज़ा माँगते हैं।

कमिश्नर : मुआवज़ा? कौन-सा मुआवज़ा?

कान्स्टेबुल : जनाब, दंगों में जो लोग···

कमिश्नर : दंगा हुआ कहाँ है जो मुआवज़ा माँगने आ गये हैं? तेरी अक्ल ठिकाने है या नहीं?

कान्स्टेबुल : जनाब, वे कहते हैं दंगा हुआ है, उन्होंने अपने कानों से सुना है।

कमिश्नर : वह दंगा नहीं था, मिनिस्टर साहिब का बयान था। वह गलत बयान था। कोई दंगा नहीं हुआ।

कान्स्टेबुल : तो मैं उनसे क्या कहूँ जनाब? बाहर तो लम्बी लाईन लगी है।

कमिश्नर : उनसे क्या कहना है? उन्हें यहाँ से दफा करो।

कान्स्टेबुल : वो नहीं जाते, जनाब!

कमिश्नर : **(गुस्से से)** तेरी अक्ल ठिकाने है या नहीं? मुआवज़ा किसे दिया जाता है? जो दंगे के दौरान जख्मी हुआ हो या मारा गया हो। यहाँ दंगा ही नहीं हुआ तो वे लोग मुआवज़ा माँगने कैसे चले आये?

कान्स्टेबुल : दंगा नहीं हुआ जनाब?

कमिश्नर : बाजाब्ता तरीके पर नहीं हुआ।

कान्स्टेबुल : जी ?

कमिश्नर : मिनिस्टर साहिब के बयान की वजह से गलतफहमी पैदा हो गयी थी। सिर्फ इक्का-दुक्का वारदातें हुई हैं।

कान्स्टेबुल : जनाब !

कमिश्नर : उनसे कहो, यहाँ से दूर हो जाओ, वरना हथकड़ी लगा दी जायेगी, जेलखाने में डाल दिया जायेगा।

[कान्स्टेबुल जाने लगता है, तो कमिश्नर उसे रोक लेता है।]

: ठहरो, उनसे बात करो तो आराम से बात करना। आजकल छोटी-छोटी बात पर शोर मच जाता है। गुस्से-धमकी के लहजे में नहीं बोलना। उनसे कहना : मुआवज़ा देने के लिए सरकार हाज़िर है, पर फसाद हो लेने दो। थोड़ा रुक जाएँ ! इतनी बेसब्री नहीं करें। फसाद हुआ ही चाहता है। एक भी बड़ी झड़प हो गयी, एक भी घर को आग लग गयी तो हम लोग मुआवज़ा देना शुरू कर देंगे।

कान्स्टेबुल : सही, जनाब !

कमिश्नर : हथकड़ी लगानेवाली बात मत कहना। मुआवज़े की रकम के चोरी हो जाने का ज़िक्र भी नहीं करना। उनसे कहना : जहाँ पहले इतना इन्तज़ार किया है, कुछ देर और इन्तज़ार कर लें ··· चिल्लाकर मत बोलना, डाँट-डपटकर बोलने के दिन अब नहीं रहे।

[कान्स्टेबुल सेल्यूट मारकर बाहर जाता है। टेलीफोन की घंटी बजती है।]

कमिश्नर : हैलो ! जी, बोल रहा हूँ। ···नहीं, कोई ज़रूरत नहीं। एम्बुलेंस अभी नहीं भेजी जायें। डॉक्टरों से भी कहो, अभी कैम्पों में पहुँचने की ज़रूरत नहीं है। **(चिल्लाकर)** मैं जो कह रहा हूँ ! **(चोंगा रख देता है)**

[कान्स्टेबुल का प्रवेश]

: समझा दिया ? वे चले गये ?

कान्स्टेबुल : नहीं जनाब, वे नहीं गये। बल्कि और लोग भी पहुँच गये हैं।

कमिश्नर : **(बड़बड़ाता है)** यह सब काम मिनिस्टर साहिब की तकरीर ने चौपट किया है। **(कान्स्टेबुल से)** तुम्हें समझाने का भी ढंग नहीं आता ?

कान्स्टेबुल : **(सफाई देते हुए)** कभी समझाकर बात की नहीं, जनाब, हमेशा लात जमाकर बात की है।

कमिश्नर : तेरी अपनी खोपड़ी में भी बात पहुँची या नहीं ? ···उनसे कह दो,

फसाद भड़क उठने दो, भाइयो, तब मुआवज़ा माँगना।

कान्स्टेबुल : मैंने कहा है, जनाब ! दरअसल, जनाब, वे पिछला मुआवज़ा माँग रहे हैं।

कमिश्नर : पिछला मुआवज़ा? कौन-सा पिछला मुआवज़ा?

कान्स्टेबुल : पिछले दंगे का मुआवज़ा। वे कहते हैं कि वह मुआवज़ा उन्हें अभी तक नहीं मिला।

कमिश्नर : पिछले दंगे का इस दंगे के साथ क्या ताल्लुक है?

कान्स्टेबुल : उनका कहना है कि वही दंगा अब भी चल रहा है, सिर्फ शुरू एक साल पहले हुआ था।

कमिश्नर : **(गुस्से से, कुर्सी पर से उठते हुए)** इस ऐलान का पिछले मुआवज़ों के साथ कोई ताल्लुक नहीं।

कान्स्टेबुल : पिछले मुआवज़े कौन देगा, जनाब?

कमिश्नर : **(कान्स्टेबुल की ओर घूरकर देखता है)** तुम उनकी तरफदारी कर रहे हो?

कान्स्टेबुल : नहीं जनाब, मैं तो सिर्फ पूछ रहा हूँ।

कमिश्नर : पिछले मुआवज़े हम नहीं दे सकते। हमारा कम्प्यूटर अब से काम करने लगेगा। पिछले आँकड़े इसमें दर्ज़ नहीं किये गये। तुम समझो कि हमारे लिए पिछले दंगे हुए ही नहीं।

कान्स्टेबुल : जी?

कमिश्नर : दंगों का रिकार्ड अब से रखा जायेगा।

कान्स्टेबुल : पर वे लोग तो कहते हैं कि दंगे हुए थे।

कमिश्नर : **(गुस्से से)** तुम उनकी तरफदारी कर रहे हो?

कान्स्टेबुल : नहीं जनाब, मैं तो सिर्फ पूछ रहा हूँ।

कमिश्नर : बस, जाकर कह दो कि मुआवज़ा दंगा हो जाने पर मिलेगा, और वह भी सिर्फ ताज़ा जख़्मियों को और ताज़ा मरनेवालों को। उनके नाम और पते हमारे कम्प्यूटर में दर्ज़ होते जायेंगे, हम मुआवज़ा बाँटते जायेंगे।

कान्स्टेबुल : एक अर्ज़ है, जनाब !

कमिश्नर : क्या है?

कान्स्टेबुल : मुझे बात करने का ढंग नहीं आता, अगर आप उन्हें खुद ही समझा दें, तो वे और भी अच्छी तरह से समझ जायेंगे।

कमिश्नर : बुलाओ उन्हें ! पूरा रेवड़ का रेवड़ नहीं भेज देना। दो-चार को बुला लाओ। **(बड़बड़ाता है)** उन्हें समझाऊँ भी मैं।

[कान्स्टेबुल का प्रस्थान]

[स्टोनों कागज़ों पर दस्तखत करवाने के लिए आता है। एक अर्दली मेज पर से पानी का गिलास उठा लेता है

और उसकी जगह ताजा पानी का गिलास रख देता है और उसे मोतियोंवाले जालीदार कपड़े से ढक देता है। टेलीफोन की घण्टी बजती रहती है। कोई उठाता नहीं।]

[कान्स्टेबुल का प्रवेश। उसके पीछे-पीछे, पाँच-सात अनाथ बच्चे, एक के पीछे एक अन्दर आते हैं।]

: ये कौन हैं? इन्हें कहाँ से उठा लाये हो?

[दो-तीन और बच्चे, मैंले-कुचैले, फटे-हाल, अन्दर आते हैं।]

कान्स्टेबुल : ये मुआवज़े के दरख्वास्ती हैं, जनाब!

कमिश्नर : इनका मैं क्या करूँ? अचार डालूँ? **(कड़ककर)** ले जाओ इन्हें वापिस! **(बच्चों की ओर देखकर)** इनमें जख़्मी तो एक भी नहीं।

कान्स्टेबुल : दंगों में बच्चे जख़्मी नहीं होते, हुजूर! बच्चा जख़्मी हो तो उसी वक्त मर जाता है।

कमिश्नर : इनका मैं क्या करूँ? इनके माँ-बाप क्यों नहीं आये?

कान्स्टेबुल : वे मारे गये थे, जनाब!

कमिश्नर : तुम फिर इनकी तरफदारी कर रहे हो। कभी माँ और बाप एक साथ भी मरते हैं? वे हमेशा बारी-बारी से मरते हैं। तुम इनकी तरफदारी कर रहे हो।

कान्स्टेबुल : वे सचमुच मारे गये हैं, जनाब!

[दो-तीन और बच्चे भी आ जाते हैं]

कमिश्नर : तुम चाहते हो कि एक-एक के हाथ में मैं, मुआवज़े की रकम पकड़ा दूँ। हज़ारों रुपए इनकी हथेलियों पर रख दूँ? **(कड़ककर)** निकालो इन्हें बाहर!

[एक बच्चा अपनी पाजामी ऊपर खींच रहा है।]

: बच्चे से अपना पाजामा नहीं सँभाला जाता और मैं इसके हाथ में मुआवज़े की रकम पकड़ा दूँ?

: **(सामने आकर)** बच्चो, मुझे इस बात का बड़ा दुःख है कि तुम्हारे माँ-बाप इस दुनिया में नहीं रहे! हम तुम्हें मुआवज़ा नहीं दे सकते क्योंकि तुम्हारे माँ-बाप का नाम हमारे कम्प्यूटर में दर्ज़ नहीं है। हमारी मशीन अभी-अभी अमरीका से आयी है। **(मुस्कराकर)** और मैं तुम्हें एक खुशखबरी सुनाऊँ? सरकार ने मुआवज़े की रकम बढ़ा दी है! यह बहुत बड़ी खुशखबरी है! तुम्हें इस पर तालियाँ बजानी चाहिए!

[बच्चे तालियाँ बजाते हैं]

: **(बड़े उत्साह के साथ, मानो कहानी सुना रहा हो)** अब ज्यों ही दंगे शुरू होंगे, हम एक-एक मरनेवाले का नाम कम्प्यूटर में भरते जायेंगे। मैं अगली बार तुम्हें वह मशीन भी दिखाऊँगा, बटन दबाओ तो झट से मरनेवाले का नाम सामने आ जायेगा—नाम, उम्र, पता, कैसे मरा, हिन्दू था या मुसलमान, सब बातें दर्ज़ होंगी। कमाल है या नहीं? फिर से ताली बजाओ!

[बच्चे फिर से तालियाँ बजाते हैं।]

: अब जब भी दंगा होगा, खड़ाक से मशीन चालू हो जायेगी। हर लाश की छाती पर नाम, पिता का नाम, पता, नम्बर, सब लिखा होगा और सरकारी मोहर लगी होगी। अगर तुम्हारा कोई चच्चा, ताऊ, फूफा, मौसा या कोई भी रिश्तेदार मारा जाये, बस लाश पहचानो और मुआवज़ा ले लो।

[बच्चे अपने आप ही तालियाँ बजाने लगते हैं।]

कान्स्टेबुल : जनाब, मुआवज़ा दूर के रिश्तेदार को नहीं मिल सकता?

कमिश्नर : हैं? इन्हें कुछ नहीं मिलेगा।

कान्स्टेबुल : नहीं, जनाब!

कमिश्नर : तो इन्हें मिठाई खिलाओ। ठण्डा पानी पिलाओ। तुम्हें मिठाई मिलेगी, बच्चो, ताली बजाओ।

[बच्चे ताली बजाते हैं, कान्स्टेबुल उन्हें बाहर ले जाता है।]

कान्स्टेबुल : **(बड़बड़ाता है)** सुबह, सुबह, यतीमों को उठा लाया है!

[थानेदार का प्रवेश]

थानेदार : जनाब, बाहर खड़े कुछ लोग गुस्सा कर रहे हैं। कहते हैं जुलूस निकालेंगे।

कमिश्नर : निकालने दो जुलूस, एक बार नहीं, दस बार जुलूस निकालें। क्या मालूम इसी से दंगा हो जाये।

[बाहर से आवाज़ आती है।]

आवाज़ : जब तक पिछले मुआवज़े नहीं मिलेंगे, हम नया दंगा नहीं होने देंगे।

कमिश्नर : नया दंगा नहीं होने देंगे? ये कौन हैं दंगा रोकनेवाले? हमने कैम्प खोल रखे हैं, कम्प्यूटर चालू कर दिया है, सब इन्तज़ाम मकुम्मल कर लिया है, और ये दंगा नहीं होने देंगे!

[कान्स्टेबुल का प्रवेश]

कान्स्टेबुल : जनाब, बाहर खड़े लोग कह रहे हैं कि मिनिस्टर साहिब ने खुद मुआवज़े देने का ऐलान किया है, उन्होंने खुद अपने कानों से सुना है।

कमिश्नर : वह ऐलान गलती से हो गया था··· और वह पिछले दंगों के बारे में नहीं था।

कान्स्टेबुल : वे कहते हैं, जनाब···

कमिश्नर : **(खीझकर)** वे क्या कहते हैं? तुम फिर उनकी तरफदारी करने लगे हो।

[चौधरी, जीवन, बुजुर्ग-3 (शांति का बाप), मंगलू, तेजा अन्दर आते हैं।]

चौधरी : देखो जी, भगवान की करनी, आप तो सारे शहर की रखवाली करते हो, और इधर आपके अपने घर को सेंध लग गयी।

कमिश्नर : तुम कौन हो? ···मैंने कह जो दिया, पुराने मुआवज़े नहीं मिलेंगे।

जीवन : गरीबनवाज, यह पुराना मुआवज़ा नहीं।

कमिश्नर : पुराना मुआवज़ा नहीं है? नया दंगा हुआ कहाँ है?

चौधरी : जनाब, परसों रात के वक्त गुण्डे हमारी बस्ती में घुस आये, और हमारी एक लड़की का घरवाला मारा गया।

कमिश्नर : वह लड़की कहाँ है?

चौधरी : अपने घरवाले की लाश ढूँढने गयी है, जनाब!

कमिश्नर : **(व्यंग्य से)** और आप लोग मुँह उठाये मेरे पास चले आये हैं। **(कड़ककर)** पहले लाश बरामद करो।

जीवन : हम लाश बरामद करेंगे जनाब, आप हमारी दरख्वास्त तो ले लो। उसके नाम की फाईल तो खुल जाये। उसका नाम दीनू था, जनाब दीनू रिक्शावाला।

कमिश्नर : अभी तक शहर में कोई दंगा नहीं हुआ है। तुम लोग यहाँ से चले जाओ।

चौधरी : फाईल तो आप खोल ही दो जी! हम लाश ढूँढ लायेंगे।

कमिश्नर : लाश के बगैर मुआवज़ा नहीं मिल सकता। आप जाइए!

चौधरी : वाह, वाह, सत बचन! पर आप हमारी फाईल तो खोल दें, बात पक्की हो जाये।

कमिश्नर : बस, बस, आप जाइए!

चौधरी : यह तो कोई बात न हुई।

[जीवन, चौधरी आदि जाने लगते हैं।]

: हमारा यहाँ आने से थोड़ा काम हो जाता!

[बाहर से आवाज़ आती है]

आवाज़ : हम मुआवज़ा देंगे! पिछले दंगों का भी देंगे।

[स्टेज पर खड़े सभी लोग हैरान हो जाते हैं।]

: हाँ, हाँ, जो लोग जख्मी हुए थे, उन्हें भी, जो मारे गये थे उनके घरवालों को भी ! इन बच्चों को भी !

कमिश्नर : **(ठिठक जाता है)** यह कौन है ? **(थानेदार से)** कहीं मिनिस्टर साहिब तो नहीं आये हैं ?

[थानेदार दौड़कर बाहर जाता है।]

आवाज़ : हम देंगे ! हम देंगे ! आओ हमारे साथ !

कमिश्नर : **(चौधरी और जीवन से)** अगर मंत्रीजी मुआवज़ा देंगे तो वह मालिक हैं। वह रुपए का इन्तज़ाम कर दें, हम पिछले मुआवज़े भी दे देंगे।

: **(स्वतः)** पर यह बात क्या है ?

[बाहर की ओर से आवाज़ें आती हैं—]

"ज़िंदाबाद, ज़िंदाबाद ! सद आफ़रीन वाह-वाह !"

चौधरी : **(जीनव से)** चलो बाहर ! भगवान के घर में देर है, अंधेर नहीं। कहीं तो मुआवज़ा बिल्कुल ही नहीं मिल रहा था, तो कहाँ अब, पिछले-अगले सभी मुआवज़े दिये जाने लगे हैं ! चलो, चलो · · **(प्रस्थान)**।

[बाहर से तालियों की आवाज़—]

"ज़िंदाबाद, ज़िंदाबाद ! दानवीर चौधरी जगन्नाथ— ज़िंदाबाद ! ज़िंदाबाद ! ज़िंदाबाद !"

[कमिश्नर खड़ा सोच रहा है, जब थानेदार अन्दर आता है।]

कमिश्नर : क्यों, मिनिस्टर साहिब आये हैं ?

थानेदार : नहीं जनाब !

कमिश्नर : फिर कौन आया है ? उनका बेटा ?

थानेदार : नहीं जनाब !

कमिश्नर : उनका दामाद !

थानेदार : नहीं जनाब ! **(कमिश्नर के कान में कुछ कहता है)** और बहुत-से लोगों को अपने साथ ले गया है, जनाब !

कमिश्नर : वह मुआवज़े देगा ? **(फिर सहसा खबरदार होकर)** जाओ, दर्याफ्त करो, कहाँ ले गया है ? · · · खड़े-खड़े मेरा मुँह क्या देख रहे हो ?

थानेदार : जनाब !

[दौड़कर बाहर जाता है।]

[पर्दा]

दृश्य : बारह

[गुमाश्ता स्टेज पर खड़ा किसी की राह देख रहा है। दूसरी ओर से जग्गा आता है, उसके साथ हमीदा और दो-एक चेले-चांटे हैं। जग्गे ने सिर पर सिलमा-सितारा टोपी और भड़कीले रंग का कुर्ता पहन रखा है, नीचे तहमत, गले में तावीज और सोने की जंजीरी, हाथों में अँगूठियाँ, जो चमचमा रही हैं।]

गुमाश्ता : **(देर तक जग्गे की ओर देखता रहता है, फिर उसे पहचान लेता है)** ओ जग्गे! मैं तुम्हें पहचान ही नहीं पाया। बड़े बहुरूपिया बने हुए हो।

जग्गा : **(अपने साथियों से)** तुम चलो, मैं आ रहा हूँ।

[हमीदा और साथियों का प्रस्थान]

: चौधरी जगन्नाथ!

गुमाश्ता : हैं? चौधरी जगन्नाथ ने ही तो मुझे यहाँ बुला भेजा है· · · तुम हो चौधरी जगन्नाथ?

जग्गा : और क्या? तमीज से बात करो।

गुमाश्ता : **(वह यकीन नहीं कर पाता)** ओ जग्गे!

जग्गा : खबरदार! · · ·चौधरी जगन्नाथ!

गुमाश्ता : तुम चौधरी जगन्नाथ हो, जिसने अपनी जेब से मुआवज़े दिये हैं?

जग्गा : **(मूँछों पर हाथ फेरते हुए)** और क्या!

गुमाश्ता : **(धीरे-धीरे जग्गे के निकट जाते हुए)** चौधरीजी! जगन्नाथजी! माफ कीजिए· · · ओ जग्गे, क्यों मजाक कर रहा है?

जग्गा : चौधरी जगन्नाथ!

गुमाश्ता : मुआवज़े देनेवाले चौधरी जगन्नाथ? · · ·माफ कीजिए, आप हैं? आप तो इतनी बड़ी हस्ती हैं, मैं तो आपका दास हूँ जी, आपके दर्शन पाये, धन्य हुआ· · · ओ जग्गे! तू मेरा उल्लू तो नहीं बना रहा?

जग्गा : **(जेब में से एक छोटी-सी थैली निकालकर गुमाश्ते को देता है)** यह ले··· यह तेरा मुआवज़ा। घर पर जाकर गिनना।

गुमाश्ता : **(थैली की ओर देखते हुए, सहसा चौंककर)** ओ जग्गे ! डाका ! थाने में डाका ! ··· तुम ? **(मुँह पर हाथ रख लेता है)**

जग्गा : गर्दन मरोड़ दूँगा !

गुमाश्ता : **(अब भी भौंचक्क जग्गे के चेहरे की ओर देखे जा रहा है)** वह तेरी करामात थी ? मान गये उस्ताद ? ओ··· **(मुँह पर फिर हाथ रख लेता है। जग्गे के हाथ से थैली ले लेता है)** सत बचन महाराज, क्या हुक्म है ?

जग्गा : अब कभी तेरे मुँह से जग्गा शब्द सुना तो तेरी जीभ खींच लूँगा और टेंटुआ दबा दूँगा।

[दोनों हाथों से गुमाश्ते को गर्दन से पकड़ लेता है, फिर छोड़ देता है।]

गुमाश्ता : आप तो मसखरी करते हैं, चौधरीजी ! पहले की ही तरह। **(खी-खी करता है)**

जग्गा : सुन। यह भी कौम का काम है।

गुमाश्ता : फरमाइए ! सेवा का मौका दीजिए ! ···अबे तूने कैसे थाने में से बक्सा उठा लिया !

[फिर से मुँह पर हाथ रख लेता है।]

जग्गा : खबरदार, जो किसी को पता चला। गर्दन काट डालूँगा।

गुमाश्ता : नहीं महाराज, आप रुस्तम हो जी, आप भीमसेन हो जी, आप हाकिम हो जी, आप तोप हो जी !

जग्गा : अब कान खोलकर सुन। ··· मैं असेम्बली के चुनाव के लिए खड़ा हो रहा हूँ।

गुमाश्ता : **(हैरान हो जाता है)** क्या फरमाया आपने ?

जग्गा : मैं असेम्बली का चुनाव लड़ूँगा। अपने फैक्टरीवाले सेठ से कहो कि मेरी नामज़दगी के फार्म पर दस्तखत कर दे। **(फार्म देता है)**

गुमाश्ता : जी ! जी ! सत बचन··· पर **(फार्म ले लेता है)** आपको चुनाव लड़ने की क्यों जरूरत पड़ गयी ?

जग्गा : तू वही कर जो मैं कह रहा हूँ। सवाल-जवाब नहीं कर। असेम्बली का मेम्बर बनूँगा, रुतबा होगा, हुकूमत होगी, समझे ? इस वक्त मेरे पास पैसा है, ताकत है, पर रुतबा नहीं।

गुमाश्ता : मेम्बर बन जाओगे तो क्या दादागीरी छोड़ दोगे ?

जग्गा : क्या मतलब ? क्यों ? इससे तो काम और भी चमकेगा। दस काम

अपने आप हो जाया करेंगे। पेशा कौन छोड़ता है? ···अपने सेठ से कह दे कि मुझे चुनाव जिताना उसका काम है। मैंने पहले भी उसे कहला भेजा है।

गुमाश्ता : पर आप किस इलाके से चुनाव लड़ेंगे?

जग्गा : यहीं से, झुग्गी-झोंपड़ीवाले इलाके से, जहाँ पर मुआवज़े दिये हैं। और कहाँ से लड़ूँगा?

गुमाश्ता : जी! गोरी किसकी और गहने किसके?

जग्गा : दूसरी बात। सेठ से कह दे कि मुझे अपना भागीदार बना ले।

गुमाश्ता : कहूँगा जी, जरूर कहूँगा। इसमें तो सेठ को लाभ ही लाभ है।

जग्गा : **(गुमाश्ते को गले से पकड़ते हुए)** सिर्फ कहेगा ही नहीं, मेरा काम भी करवायेगा।

गुमाश्ता : आप गाड़ी के इंजन हो जी, हम आपके डिब्बे हैं; जिधर सीटी दोगे उधर ही चल पड़ेंगे, छुक-छुक करते···वह ज़मीन खाली नहीं हुई जग्गाजी···चौधरी जगन्नाथजी?

जग्गा : अब खाली हो जायेगी···तभी तो बस्तीवालों से वोट लेना है।··· आज से तुम मेरा काम करोगे। सेठ से इन फार्मों पर दस्तखत करवाओ और सीधे लौटकर मेरे पास आओ। अब भागो यहाँ से। **(गुमाश्ता जाने लगता है तो इशारे से उसे वापिस बुलाते हुए)** सेठ से यह भी कह देना **(कान में फुसफुसाता है जिस पर गुमाश्ता चौंक जाता है)** कह देना, अभी से इसका बन्दोबस्त कर दे। अब जा! फुट्ट!

[गुमाश्ते का प्रस्थान]

[पीछे का पर्दा खुलता है और जग्गा अपने घर की बैठक में प्रवेश करता है। वह कुर्सी पर बैठ जाता है।]

सुथरा : **(जो स्टेज के एक कोने में खड़ा सब कुछ देख रहा है···उसे दर्शक भी देख सकते हैं)** लो दोस्तो, काम चल पड़ा है, भागीदारी हो गयी है। अब गाड़ी चलेगी, शप, शप! वाह! अब तरक्की ही तरक्की!

[एक दरख्वास्ती अन्दर आता है।]

दरख्वास्ती : चौधरीजी से मिलना है! चौधरी जगन्नाथजी से!

जग्गा : कहिए, मैं हूँ चौधरी जगन्नाथ!

दरख्वास्ती : शहर में आपके नाम की धूम है, साहिब! मेरी एक समस्या हल कर दें, चौधरीजी!

जग्गा : कहो, कहो, हम किसलिए बैठे हैं।

दरख्वास्ती : मेरा किरायेदार घर खाली नहीं करता। पूरे आठ साल हो गये हैं। न किराया बढ़ाता है, न घर खाली करता है।

जग्गा : आप क्या चाहते हैं? किराया बढ़ाये या मकान खाली करे?

दरख्वास्ती : पाँच साल से मुकदमा चल रहा है, चौधरीजी! मामला खत्म होने में नहीं आता।···

जग्गा : आप चाहते क्या हैं? दो-टूक बात करें।

दरख्वास्ती : मैं चाहता हूँ मकान खाली कर दे।

जग्गा : हो जायेगा खाली! करवा देंगे खाली।

दरख्वास्ती : आपका मुझ पर बड़ा एहसान होगा। कचहरियों में धक्के खा-खाकर मैं परेशान हो गया हूँ।

जग्गा : आप रहते कहाँ हैं?

दरख्वास्ती : इसी इलाके में, हुजूर!

जग्गा : आप हमारा ख्याल रखिए, हम आपका ख्याल रखेंगे।···पाँच दिन में मकान खाली करवा दूँगा।···अपना पता लिखकर छोड़ जाइए, मेरा आदमी आपके पास आयेगा।

दरख्वास्ती : हुक्म कीजिए, हम आपकी क्या खिदमत करें?

जग्गा : खिदमत तो हम करेंगे, आप हमारी छोटी-सी मदद कीजिए। एसेम्बली के चुनावों में हमें जिताइए।

दरख्वास्ती : यह तो बड़ा नेक काम है। हमसे जो बन पड़ेगा, हम करेंगे।···**(जाते हुए)**···बस, यह कृपा कर दीजिए, आपका एहसान कभी नहीं भूलूँगा।

जग्गा : जाओ, जाओ, बेफिक्र रहो।

[दरख्वास्ती का प्रस्थान। एक दम्पति, पति-पत्नी का प्रवेश।]

: **(पहचान लेता है)** आइए, आइए। आपकी श्रीमतीजी को अभी तक नौकरी नहीं मिली? प्रिंसिपल क्या कहता है?

पति : वह तो सीधे मुँह बात नहीं करता।

जग्गा : कहता क्या है, दो-टूक बात करो।

पति : कहता है, कमेटी बैठेगी, इण्टरव्यू करेगी, कमेटी ही अध्यापक चुनेगी।

जग्गा : फिर? नौकरी नहीं देता क्या आपकी श्रीमतीजी को? **(टेलीफोन की ओर इशारा करता है)** नम्बर मिलाओ।

[पुरुष नम्बर मिलाता है]

जग्गा : इसका बाप भी नौकरी देगा। **(चोंगा हाथ में लेकर)** कौन? प्रिंसिपल साहिब बोलते हैं? हाँ, प्रिंसिपल साहिब, यह क्या माजरा है, मैं चौधरी जगन्नाथ बोल रहा हूँ। मैंने आपके पास श्रीमती लाजवन्ती को भेजा था···जी? आपने क्या फरमाया? कमेटी बैठेगी? ···अच्छा? ···यह बात आपके मुँह से आज निकली है, फिर नहीं निकले। आपको

खुद नौकरी करनी है या नहीं? इस श्रीमती को तो नौकरी देनी ही है··· तरीका आप खुद सोच निकालिए। तरीका ढूँढना आपका काम है··· यह काम हो जाये तो मुझे खबर कर दीजिए। **(चोंगा रख देता है)** हो जायेगा, हो जायेगा, बेफिक्र रहो।

पति : मैं बहुत मश्कूर हूँ···

जग्गा : जाओ, जाओ, मेरे आदमी को चाय-पानी के लिए कुछ देते जाना।

[गुमाश्ता हस्ताक्षरित फार्म जग्गे के सामने रख देता है।]

जग्गा : दस्तखत हो गये? ···और वह बात भी कह दी?

गुमाश्ता : जी! ···यह बहुत बढ़िया काम आपने पकड़ा है, जग्गे, ···चौधरी जी! वाह, वाह, क्या कहने हैं! पर पहले तपस्या की है, जिसका फल अब आपको मिलने लगा है। दादागीरी का काम भी अच्छा है, पर इस काम का जवाब नहीं। असर-रसूख का काम है, सेवा का काम है। जिसने दादागीरी की हो, वही यह काम कर सकता है, हर किसी के बस का नहीं है।

जग्गा : एक बार चुनाव जीत जाने दे, फिर देख, क्या होता है, दुनिया याद करेगी।

[सुथरा का प्रवेश]

सुथरा : **(बड़े उत्साह से)** हो गयी ताजपोशी? वाह, वाह, बहुत दिनों से आपका इन्तज़ार था। सारा शहर, नहीं, नहीं, सारा देश पलकें बिछाये आपकी राह देख रहा था। हमने तो पहले दिन ही कह दिया था, देश के कर्णधार आ रहे हैं, बस अभी पहुँचे कि पहुँचे। अब देश तर जायेगा··· आप पन्द्रहवें अवतार हो जी! वाह, वाह, क्या बात है! देख-देखकर चित्त प्रसन्न हो रहा है। सिंहासन पर विराजमान हो गये हो! मैंने तो पहले दिन ही कह दिया था कि महाराज मनुष्य-देह धारण करनेवाले हैं। अब सब काम पूरे होंगे। बस, आपके प्रकट होने की देर थी!···

[सुथरा, जग्गे के सिर पर ताजनुमा टोपी पहनाता है।]

जग्गा : **(गुमाश्ता से)** यह कौन साहिब हैं? इनकी तारीफ?

गुमाश्ता : सुथरा है जनाब! सारा शहर घूमता फिरता है, जगह-जगह मुँह मारता फिरता है।

जग्गा : ज्योतिषी है? राशि देखता है?

सुथरा : नहीं महाराज, यह सिर्फ नब्ज देखता है, आपकी, मेरी, जमाने की, कौम

की।...

जग्गा : **(हँसकर) बताओ दोस्त, हमारी नब्ज क्या कहती है ?**

सुथरा : सितारा बुलन्द है ! लाखों-करोड़ों पर कलम होगी ! राज करोगे ! आपके राज्यकाल में दूसरा महाभारत होगा।

[सक्सेना का प्रवेश।]

सक्सेना : क्या मैं अन्दर आ सकता हूँ ?

जग्गा : तुम कौन हो भाई, चिड़ी पहलवान ?

सक्सेना : जनाब, मेरा नाम सक्सेना है, मैं भाषण लिखता हूँ।

जग्गा : वह क्या होता है ?

सक्सेना : नेता लोग जो भाषण देते हैं, उन्हें मैं लिखता हूँ। हर मौके का भाषण—उद्घाटन-भाषण, समापन-भाषण, चुनाव-भाषण। हर विषय पर भाषण—स्त्री-शिक्षा, विधवा-विवाह, अछूतोद्धार, निरोध का उपयोग, मण्डल आयोग, बोफर्स केस, शेयर घोटाला—जिस विषय पर चाहें लिखवा लें !

गुमाश्ता : चौधरी साहिब चुनाव लड़ रहे हैं, भाषण अच्छा होना चाहिए।

जग्गा : **(गुमाश्ता से)** यह तो लिख लायेगा, पर पढ़ेगा कौन ? तेरा बाप ?

गुमाश्ता : इसका इन्तजाम भी हो जायेगा।

जग्गा : कितने पैसे लेते हो ?

सक्सेना : यह तो भाषण-भाषण पर निर्भर करता है। पहले से तैयार भाषण पर कम पैसे होते हैं, नये भाषण के ज्यादा, जवाबिया भाषण के उससे भी ज्यादा... हम उसे छपवा भी देंगे, आपकी तस्वीर के साथ, पर उसके पैसे अलग होंगे।

गुमाश्ता : चुनाव-भाषण में क्या लिखोगे ?

सक्सेना : चुनाव-भाषण में वोटर को सब्ज़बाग दिखाये जाते हैं, बड़े-बड़े वायदे किये जाते हैं, वोटर की चापलूसी की जाती है। हर भाषण का अपना फार्मूला होता है, साहिब !

गुमाश्ता : एक अच्छा-सा चुनाव-भाषण लिख लाओ, चौधरी साहिब के लिए, मगर जल्दी।

सक्सेना : अभी लो। साहिब **(जग्गा से)** आपका सितारा बुलन्द है, आप नेता बननेवाले हो, आपके लिए तो बढ़िया भाषण लिखेंगे।

[चला जाता है]

[जीवन, चौधरी, शांति का बाप और शांति अन्दर आते हैं।]

जीवन : लो यहाँ बैठे हैं ! वाह, वाह, जागे भाग हमारे ! जो काम सरकार नहीं

कर सकी, वह आपने कर दिखाया। पिछले मुआवज़े भी दे दिये! वाह!

चौधरी : आपके नाम की तो धूम मच गयी है, चौधरी जी! शहर-भर में आपके नाम का डंका बज रहा है। वाह, वाह!

जग्गा : मैं चुनाव लड़ रहा हूँ आप लोगों की बस्तीवाले इलाके से। अगर मैं चुनाव जीत गया तो तुम लोगों के लिए पक्के घर बनवा दूँगा।

जीवन : वाह, वाह, आप तो महादानी हो, दानवीर हो! आप राजा हरिश्चन्द्र हो जी!

चौधरी : पर हुजूर, वह ज़मीन तो सरकारी है।

जग्गा : चुनाव जीत जाने पर मैं भी तो सरकार हो जाऊँगा।

चौधरी : **(हँसकर)** वाह, क्या खूब कहा है!

जीवन : हमने तो सुना था ज़मीन पर फैक्टरीवालों की नज़र है।

जग्गा : उनकी नज़र ज़मीन पर है तो हमारी नज़र फैक्टरी पर है। **(हँसता है)** हमारे रहते झुग्गी-झोंपड़ीवालों को कोई नुकसान नहीं पहुँचा सकता। **(मूँछों पर हाथ फेरता है)**

जीवन : आफ़रीन है! यह बात भी कोई गुर्देवाला ही कह सकता है।

[शहरियों के प्रतिनिधिमण्डल का प्रवेश। सेठ दौलतराम, छोटेलाल, अमरीकसिंह, खुदाबख्श आदि।]

बिशनदास : **(जग्गे की ओर इशारा करते हुए)** लो, यहाँ विराजमान हैं, साक्षात! बहुत-बहुत मुबारक महाराज! आपने तो मिसाल कायम कर दी है। आपका दिल नहीं, समुंदर है, साहिब!

खुदाबख्श : जेब से मुआवज़ों की रकम देना, कोई खालाजी का घर है क्या?

[अमरीकसिंह और सेठ दौलतराम, दोनों हाथों में फूलों के हार उठाये हुए हैं, एक-दूसरे को अड़ेका मारकर जग्गे की ओर बढ़ते हैं और उसके गले में हार डालते हैं।]

अमरीकसिंह :
दौलतराम : } मैं नागरिक सभा का प्रधान हूँ। **(दोनों एक ही वाक्य बोलते है)**

दौलतराम : **(अमरीकसिंह की ओर इशारा करते हुए)** यह, पिछले दंगों के वक्त प्रधान थे, अब मैं प्रधान हूँ। **(दौलतराम जग्गे के गले में हार डालता है)** अब तो आप भी अपने को प्रधान ही समझो।

अमरीकसिंह : मालूम नहीं आज तक आप कहाँ पर छिपे हुए थे।

दौलतराम : जो लोग बड़े-बड़े काम करते हैं, वे आपकी तरह दिखावा नहीं करते। ये गुप्तदान देनेवालों में से हैं।

अमरीकसिंह : हमारे लायक कोई सेवा हो तो बतायें। हम तो आपके दर्शन करने

आये हैं।

दौलतराम : हम मिलकर बस्ती का रूप बदल देंगे। कहो तो यहाँ अप्पूघर बना दें, कहो तो डिजनीलैण्ड खोल दें। कहो तो कार्निवाल लगा दें।

जग्गा : पैसे की कोई चिन्ता नहीं करें, पैसा का क्या है, एक जेब में से निकाला, दूसरे में डाल दिया। **(दौलतराम से)** मेरा संदेश मिल गया था ना?

दौलतराम : सब बन्दोबस्त कर दिया है, निश्चिंत रहें।

[जग्गे का ध्यान शांति की ओर जाता है।]

जग्गा : यह देवीजी कौन हैं?

[नागरिक एक ओर को खड़े हो जाते हैं।]

चौधरी : यह, दीनू रिक्शावाले की घरवाली है, महाराज! **(शांति के पिता से)** आगे आकर बात करो नेताजी के साथ।

बुजुर्ग-3 : **(हाथ जोड़कर)** जनाब, मुआवज़ा नहीं मिला।

जग्गा : मारा कौन गया है? तेरा बेटा?

बुजुर्ग-3 : नहीं हुजूर, मेरा दामाद, इस बदनसीब का घरवाला।

जग्गा : **(शांति की ओर देखते हुए)** इसका घरवाला?

बुजुर्ग-3 : जी!

जग्गा : **(मुस्कुराकर)** बड़े ठीक वक्त पर मरा है!

बुजुर्ग-3 : जी!

जग्गा : चला गया है, बड़ा नेक काम कर गया है।

जीवन : बेशक, किसी के लिए तो भला ही कर गया है।

बुजुर्ग-3 : पर उसकी लाश नहीं मिल पायी, जनाब!

जग्गा : लाश ढूँढने की क्या जरूरत है?

बुजुर्ग-3 : जनाब, लाश मिलेगी, तभी मुआवज़ा मिलेगा।

जग्गा : **(शांति की ओर देखकर मुस्कुराते हुए)** इन्हें मुआवज़े की क्या जरूरत है? इन पर तो सौ-सौ मुआवज़े कुर्बान हैं।

बुजुर्ग-3 : जनाब, अगर मुआवज़ा मिल जाता · ·

जग्गा : हमारे रहते इन्हें मुआवज़े की क्या जरूरत है? दिलवा देंगे। मालामाल कर देंगे।

चौधरी : **(बुजुर्ग-3 से)** आब लाश ढूँढने की भी जरूरत नहीं है।

जग्गा : अब लाश मिलेगी भी नहीं। **(शांति से)** दीनू रिक्शावाला तुम्हारा क्या लगता था?

शांति : **(आधे घूँघट में से)** मेरा घरवाला था।

जग्गा : हम तेरे क्या लगते हैं?

शांति : **(गुस्से से)** तुम मेरे क्या लगोगे?

बुजुर्ग-3 : तमीज से बात कर, लड़की!

जग्गा : **(मुस्कुराकर)** हम तुम्हारे कुछ नहीं लगते? तुम्हीं तो दीनू को मरवाने जा रही थीं ना! क्यों? क्या मैंने गलत कहा है?

शांति : **(हैरान होकर जग्गे की ओर देखती है)** तैनू कीवें पता है?

बुजुर्ग-3 : हुजूर के साथ तमीज से बात कर, लड़की!

जग्गा : हम तो पारदर्शी हैं, हमें सब मालूम है। **(स्वतः)** वह तो मार ही दिया जाता तो ठीक था। **(शांति से)** वह पगलैट तेरा घरवाला था जो मरना चाहता था?

जीवन : हाँ, जनाब, आपको कैसे मालूम है?

जग्गा : जो खुद मरना चाहेगा, वह पगलैट ही होगा **(शांति से)** अगर वह अभी तक नहीं मारा गया तो चिन्ता की कोई बात नहीं, हम अब उसे पार लगा देंगे। तुम्हारा मुआवज़ा खरा कर देंगे। **(शांति के पिता से)** सुन बुढ़ऊ! हम तुझे मुआवज़ा दे देते हैं, तू उसे मरा हुआ ही समझ। **(शांति से)** क्योंजी, मैंने ठीक कहा है ना?

सुथरा : **(जो एक ओर खड़ा है)** वाह, वाह, आपने यह कसर भी पूरी कर दी। चारो तरफ अब सुहागिनें ही सुहागिनें नज़र आयेंगी।

[उधर से रिक्शा की घण्टी बजाता दीनू आ जाता है।]

बुजुर्ग-3 : दीनू! यह कहाँ से पैदा हो गया?

[दीनू रिक्शा खड़ी करता है, और भले-चंगे व्यक्ति की तरह आगे बढ़ आता है।]

जीवन : अरे, तू कहाँ से टपक पड़ा?

दीनू : मैं अस्पताल में था। बहुत बढ़िया मरहम-पट्टी हुई। देख लो!

[उछलता है, छलाँग मारता है, शांति भागकर उसके पास चली जाती है।]

शांति : चलो दीनू, जल्दी, चलो यहाँ से निकल चलें।

दीनू : क्यों? क्या बात है?

शांति : चल, चल। **(रिक्शा पर बैठ जाती है, दीनू रिक्शा मोड़कर जाने लगता है)**

जग्गा : **(दीनू की ओर देखकर)** यह है दीनू? मैं चाहूँ तो दो उँगलियों के बीच इसकी गर्दन दबोच दूँ। **(रिक्शा की ओर बढ़कर शांति से)** आप किधर जा रही हैं?

शांति : दुर फिट्टे मुँह! ···दीनू, रिक्शा चलाओ रिक्शा, यहाँ नहीं रुको।

जग्गा : **(शांति के पिता से)** इसे वापिस ले आओ।

सुथरा : यह अब पकड़ाई नहीं देगी, महाराज ! उधर इश्क-पेंचा लड़ा हुआ है।

जग्गा : **(भागकर स्टेज के किनारे जाता है, चिल्लाकर)** लौट आओ ! ···जाओगे कहाँ ? मुझे नहीं जानते ?

[स्टेज पर खड़े लोग हैरान होकर एक-दूसरे की ओर देखने लगते हैं।]

जग्गा : तेरी···

[गुमाश्ता भागता हुआ जग्गे की ओर आता है, उसका हाथ पकड़ लेता है, और उसके कान में कुछ कहता है।]

[साइकिल रिक्शा की घण्टी की आवाज़ दूर से सुनायी दे रही है। जग्गा सँभल जाता है और फिर से नेताओं की तरह व्यवहार करने लगता है। कुछ नागरिक हाथों में फूलों के हार उठाये दाखिल होते हैं। जग्गे के गले में हार डाले जाते हैं। तालियाँ।]

नागरिक : दो शब्द हमारी झोली में डाल दीजिए।

[जग्गा समझ नहीं पाता। गुमाश्ते की ओर देखता है।]

गुमाश्ता : ये चाहते हैं कि आप तकरीर करें।

जग्गा : क्या चाहते हैं ?

गुमाश्ता : आप भाषण दें। इनसे कुछ कहें।

जग्गा : **(गुमाश्ते से)** वह हरामी, भाषण लिखनेवाला नहीं आया ? ···मेरी जगह तू जाकर भाषण दे दे।

गुमाश्ता : इसमें घबराने की क्या बात है ? उनसे कहो, तुम मुझे वोट दो, मैं तुम्हें और ज्यादा मुआवज़े दूँगा।

जग्गा : **(चबूतरे पर खड़े होकर, बाहर की ओर मुँह करके)** तुम मुझे वोट दो, मैं तुम्हें और ज्यादा मुआवज़े दूँगा। **(तालियाँ)** अभी तो पाँच लाख निकाले हैं, फिर बीस लाख निकालूँगा। **(तालियाँ)** मेरे खिलाफ कोई आदमी खड़ा नहीं हो सकता। मैं उसकी टाँगें चीर दूँगा। एक झाँपड़ दूँगा, अगले जहान पहुँचा दूँगा।

[गुमाश्ता पीछे से उसका कुर्त्ता खींचता है। चबूतरे पर चढ़कर उसके कान में कुछ कहता है। इतने में सक्सेना पहुँच जाता है, भागता हुआ अन्दर आता है और भाषण की प्रति गुमाश्ते के हाथ में देता है।]

: **(सक्सेना से)** अब आया है, हरामखोर ! **(गुमाश्ते से)** तू पढ़ता जा, मैं बोलता जाऊँगा।

[गुमाश्ता फुसफुसाकर पढ़ता है, जग्गा ऊँची आवाज़ में भाषण देता है—]

जग्गा : इस नगरी के नागरिको, भारतमाता के सपूतो, हमवतनो · · · मैं तहेदिल से मश्कूर हूँ आपने मुझे यह इज्जत बख्शी है। मेरे जीवन का एक ही लक्ष्य है—सेवा, सेवा, सेवा! अभी आपको मुआवज़े दिये, चुनाव जीत जाने पर आपको पक्के घर बनवा दूँगा **(तालियाँ)** इस सरकार के भरोसे बैठे रहोगे तो कुछ नहीं होगा। दिन-दहाड़े पुलिस-थाने में डकैती हो गयी, अभी तक मुजरिम नहीं पकड़ा गया। **(शेम-शेम!)** दिन-दहाड़े पब्लिक का पाँच लाख रुपया चोर ले गया, किसी को पता नहीं चला! **(शेम-शेम!)**

[तालियाँ! चौधरी जगन्नाथ ज़िन्दाबाद! ज़िन्दाबाद!]

: मैं जीत जाऊँ तो तुम्हें पक्के क्वार्टर बनवा दूँगा!

[भाषण अभी चल ही रहा है कि बायीं ओर से पुलिस का दस्ता प्रवेश करता है। थानेदार अपने सिपाहियों को स्टेज पर जगह-जगह तैनात करता है, लगता है जैसे स्टेज का घेराव किया जा रहा है, और जैसे थानेदार जग्गे को पकड़ने आ गया है।]

[नागरिक हैरान-से पुलिस की ओर देख रहे हैं। बाहर जग्गे का भाषण पूर्ववत् जारी है—]

: इसी बस्ती में हम स्कूल खोलेंगे, अस्पताल खोलेंगे · · ·

[पुलिस के आ जाने पर गुमाश्ता घबरा जाता है। वह जग्गे का कुर्ता बार-बार खींचने लगता है कि भाषण खत्म करो और थर-थर काँपता हुआ पुलिस की ओर देखने लगता है।]

[अभी बाहर तालियाँ बज ही रही हैं और जय-जयकार हो रही है, जब जग्गा स्टेज पर लौटता है। पुलिस को देखकर ठिठक जाता है। गुमाश्ता घबराया हुआ, जग्गे के कान में कुछ कहता है और बाहर जानेवाले रास्ते की ओर इशारा करता है। मतलब कि यहाँ से निकल जाओ। पर पुलिस के सिपाही उसके निकट भी पहुँच जाते हैं। निकल भागना नामुमकिन है। जग्गा थानेदार को घूरता है। थानेदार की कमर से हथकड़ी लटक रही है। थानेदार भी जग्गे की ओर देखता है और धीरे-धीरे उसकी ओर बढ़ता है।

जग्गा खड़ा देख रहा है।]

दौलतराम : **(थानेदार से)** क्यों थानेदार साहिब, कैसे आना हुआ?

थानेदार : यही चौधरी जगन्नाथ हैं?

दौलतराम : हाँ, हाँ, बिल्कुल! **(सिर हिलाकर खड़ा रहता है)**

थानेदार : इन्होंने ही मुआवज़े दिये हैं?

दौलतराम : जी, बहुत बड़े दानवीर हैं। ···आपका कैसे आना हुआ?

थानेदार : हमें इनकी सिक्यूरिटी के लिए भेजा गया है, जनाब!

: **(जग्गे से)** आप बेफिक्र होकर भाषण दीजिए, हम पहरे पर हैं। हमारे रहते आपका कोई बाल भी बाँका नहीं कर सकता!

[बाहर तालियाँ, नारे]

सुथरा : **(जो पहले एक ओर खड़ा था, अब स्टेज के बीचों-बीच आ जाता है)**

: क्यों दोस्तो!
मैं कोई झूठ बोलिया?
मैं कोई कुफर तोलिया?
कोय ना, भाई कोय ना, भाई कोय ना!

[अंतिम पंक्ति कोरस के रूप में स्टेज के पीछे से गायी जाती है।]

[पर्दा]

● ● ●